U0523724

亲历中国丛书 | 李国庆 主编

神秘的花国
英人游历中国记

［英］夏金 ———— 著

严向东 李国庆 译

九州出版社
JIUZHOUPRESS 全国百佳图书出版单位

图书在版编目（CIP）数据

神秘的花国：英人游历中国记 /（英）夏金著；严向东，李国庆译. -- 北京：九州出版社，2024.1
（亲历中国丛书 / 李国庆主编）
ISBN 978-7-5225-2541-9

Ⅰ. ①神… Ⅱ. ①夏… ②严… ③李… Ⅲ. ①中国—游记 Ⅳ. ①K928.9

中国国家版本馆CIP数据核字(2024)第034843号

神秘的花国：英人游历中国记

作　　者	［英］夏金
译　　者	严向东　李国庆
策　　划	李黎明
责任编辑	张艳玲
出版发行	九州出版社
地　　址	北京市西城区阜外大街甲35号（100037）
发行电话	（010）68992190/3/5/6
网　　址	www.jiuzhoupress.com
印　　刷	北京捷迅佳彩印刷有限公司
开　　本	880毫米×1230毫米　32开
印　　张	9.25
字　　数	190千字
版　　次	2024年9月第1版
印　　次	2024年9月第1次印刷
书　　号	ISBN 978-7-5225-2541-9
定　　价	68.00元

★版权所有　侵权必究★

本书谨献给我在大清海关
和在中国近海船上的
无数的欧洲和中国朋友
并纪念在他们陪伴下度过的
许多美好时光

"友谊,神秘的灵魂黏合剂
生活的甜味剂,社会的融合剂
我欠你很多,你应该从我这里得到
远远超过我能够给予的"

From a photograph by J. Craik, Herne-Bay

Chas. J. N. Halcombe

⊙ 作者夫妇像

总　序

《亲历中国丛书》的策划始于2002年，那时国家图书馆出版社还叫北京图书馆出版社，时任社长郭又陵先生来我校访问，我带他浏览了本馆所藏的大批与中国有关的西文旧籍。其时自改革开放后兴起的又一次"西学东渐"热潮正盛，域外汉学和中国学的经典作品在被有系统、成体系地引进。我们觉得，东西方文化的接触和交流，离不开旅行家、探险家、传教士以及后来的外交、商务人士和学者。这些来华外国人的亲历纪实性著作，虽然不是域外汉学的主流，也是与汉学和中国学紧密相关的材料，值得翻译出版。郭社长回去后邀请中国中外关系史学会会长耿昇先生担任共同主编，获得首肯。耿先生并为丛书作序，确立宗旨如下："《亲历中国丛书》只收入来华外国人的亲历纪实性著作，包括探险记、笔记、考察报告、出使报告、书简等。内容力求客观、公允、真实，并兼顾其科学性和可读性。在允许的范围内，力求满足中国学术界的需要，填补空白和弥补不足之处。"也就是说，集中从一个方面配合方兴未艾的对西方汉学（中国学）的研究，提供国内难得一见的资料。

经过 2 年的运作，第一批 2 种译作于 2004 年面世，反响颇佳。至 2010 年，《丛书》出满 10 种，耿昇先生退出，改由郭又陵社长共同主编，笔者写了新序，装帧也更新了。接下来的 6 年又出版了 10 种，郭社长荣休，出版社领导更替，此后只履约出版了 3 种签了合同的书稿，《丛书》的出版于 2019 年告一段落。

回顾历程，必须感谢郭又陵社长作为出版家的远大眼光和胸襟。这部丛书的经济效益或许并没那么好，社会影响却出乎意料的好。《丛书》中的《一个传教士眼中的晚清社会》获 2012 年度引进版社科类优秀图书奖，《古老的农夫　不朽的智慧——中国、朝鲜和日本的可持续农业考察记》被评为第十三届引进版社科类优秀图书，于 2002 年正式启动的国家清史纂修工程曾有意把它纳入，因技术原因未果。学界热烈欢迎这类域外资料，从中发现不少有用的材料。比如《我看乾隆盛世》，书名几成口号，内容被多种著作引用。即便是民间，该书也引起一些有趣的反响。比如《我的北京花园》中立德夫人客居的到底是哪个王公的园子，一批网友曾热烈地探讨过。其作为史料的意义，更是突破了最初设想的汉学范畴，日益彰显丰富。简而言之，因为《丛书》所选的西文旧籍都是公版书，当初截止于晚清，目前已扩展至民初，差不多涵盖整个近代。

近代史料的形式多种多样，过去相当一段时期，学界对与政治史相关的档案文献关注较多，其他，尤其是与当时中国的地方政治、经济、社会、文化、人物等相关的记载被相对忽略。本丛书所收集的纪实性著作的作者包括政府官员、军人、商人、传教士、学者、旅行家等。他们游历经验丰富，受过良好教育，在中国的时间少则半年，多则几十年，其中许多人还对中国社会的发展产生过重要的影响。他们对在中国的所历、所见、所闻做了细致深入的观察和记录。因为记录者是外来人，从而对中国人习以为常的事物天然地怀着某种好奇，对中国人无意识或不屑记录的内容的转述，到今天恰恰成为极为珍贵难得的史料。又因为近代中国天翻地覆的变化，当年各地的山川风物和社会百态多已烟消云散，却被凝固在这些西方人的著述当中了，就像琥珀中的昆虫，历尽岁月，依然栩栩如生。它们不但是研究中外关系、中外文化的互动等方面的极其重要的第一手资料，还是研究中国近代社会生活史方面的重要资料，正可以补上述之阙。换言之，这类旧籍有如一个包罗万象的宝库，不但人文社会科学的不同学科都有可能从中发掘出有用的材料，一般读者也可把他们当作 Citywalk 的指南，据以追怀各地的当年风貌，得到有趣的阅读体验。

我们还要再次强调，整理、翻译、出版这一系列丛书的目的，是为了保留历史资料，因而尽量少做删节，也不在文中横加评论。但是这些书的原作者，都来自 100 多年前，那样的时代，身份各异，立场多样，有些人免不了带有种族优越、文化优越和宗教优越的心态，行文当中就表现出对当时的中国、中国人、其他宗教、其他文化等的歧视。也许还有个别人是怀着对中国进行宗教侵略、思想控制、殖民控制等目的来到中国的。希望读者在阅读这些文字时，既有海纳百川的胸怀，也有清醒的认识；既要尊重他人的善意旁观，也要站稳自己的立场；对一些恶意的观点，坚持批判的态度。

因此，同样非常感谢九州出版社同仁的眼光和胸襟，愿意接过这套丛书继续出版。我们的计划是一边先再版早期的反响良好的译作，一边逐步翻译新书。再版的译文都请原译者修订一过，唯当初的翻译说明或序言之类一仍其旧，以存历史，特此说明。

李国庆

2023 年岁末于哥伦布市细叶巷

译者序

本书初版于 1896 年，原名 *The Mystic Flowery Land*（《神秘的花国》，古文花、华同字），副书名为 *Being A True Account of an Englishman's Travels and Adventures in China*（《英人游历中国记》），并有中文书名《玄华夏》及作者的中文名"夏金"。中译本依据的是 1899 年的第二版，但采用了第一版的中文书名，觉得它应该是得到作者认可的，比较接近其本意。至于作者的中文名，除了"夏金"之外，还有一个"何耕"，两者都是他的英文姓 Halcombe 的译音，区别是不同时间用不同的方言释读的。

作者的全名叫 Charles J. H. Halcombe，来自英国，1887 年 22 岁时来华，先任《字林西报》编辑，后进入中国海关工作，并娶了一位中国妻子。来华前他为伦敦《环球报》写过几篇小文章，后来有过三次航海经历，回国写出了几本书。本书最早出，颇受欢迎。在 1898、1899 及 1906 年又出了三种，一种为游记（*Travels in the Transvaal. True, Instructive and Adventurous. Also, Cape Life, as It Was*），另两种皆注明是小说（*Children of Far Cathay: A Social and Political Novel* 和 *The Love of a Former*

Life: A Novel)。此后不知所终。

众所周知，自13世纪起，游历过中国的西方人，如意大利人柏朗嘉宾、圣方济各修士鲁布鲁克，以及最为著名的马可·波罗，带回去有关这个东方古国的朦胧消息，激发了西方对神奇的东方日益高涨的关注。直至20世纪初大清皇朝覆灭，西方有关中国的著述，不说浩如烟海，也必定是汗牛充栋。不管是探险家、画家和商人等浮光掠影的游记，还是传教士的书简、外交官的报告，或是学者的考察专著，都为西方了解中国起过重要的、或正或反的作用。

本书当属第一类。作者自称是中国改良党（派）的荣誉党员，关心中国局势，写作动机如他在"再版前言"中所述，"这也许是一种途径，能够博得我的同胞对受压迫的'华夏子孙'和他们的事业的同情，也让他们对'中国'特有的美丽和令人着迷的风景以及建筑更加熟悉。在那个遥远的帝国里——她热爱和平、勤俭的人民，如同古代犹太人一样长时间受奴役——一场轰轰烈烈的类似太平天国起义的运动即将发生，旨在驱逐贪婪而残暴的篡位者，让令人尊敬的明代皇帝的合法继承人和后代重掌大权。我真诚地期望，所有关心中国福祉的人与中国改良派团结起来，努力防止任何势力干涉破坏他们的正义事业，力求让中国人民摆脱压迫者的魔掌。"但看内容，其亲身经历中杂糅了传说和想象，引用了许多他人的成果。比如铸钟的传说，在他之前最早有中国海关雇员、英国人司登德（George C. Stent, 1833—1884）的译文，1877年2月的 *The China Review* 又发表了英国外交官佩福来（G. M. H. Playfair, 1850—1917）

题为 *A Legend of the Peking Bell-Tower*（《北京钟楼的传说》）的长诗，稍后还有美国新教北长老会传教士、京师同文馆总教习、著名汉学家丁韪良（W. A. P. Martin, 1827—1916）翻译的 *The Maiden's Voice*（《处女的声音》，见《中国的神话传说与杂诗》）。所以我们可以说这本书的写作和出版主要还是为了满足大众的好奇心。

在这一点上，他是成功的。当年的英国《泰晤士报》推荐说："这本制作精美、价值不凡的书包含了 30 章长文，一帧作者及其中国妻子身着华服的小像，还有诸多反映中国及其人民生活场景的珍贵照相、彩色图片、铜版画和作者的解说。他的故事充满惊险，叙述又生动活泼。"《谢菲尔德日报》则赞扬说："这是一本对所有人都开卷有益的书，但特别适合'普通读者'。它的魅力更因 41 幅插图而倍增。此书的再版本身就证明了它的成功，所以我们相信，这个新版将会更受欢迎。"《威斯敏斯特评论》也说："（本书）插图都很好，彩色的中国画尤其动人，那是此前我们还没有见过的呢。"

有一点我们觉得有必要提醒读者注意。尽管他对中国及其人民抱有同情和好感，叙述当中还是免不了流露出当年大部分西方人所有的居高临下的傲慢和偏见，尤其是对中国的底层大众，遣词用字偶涉侮辱。我们在翻译时未加删节修饰，因为这其实无损于中华民族，反而显示了作者本人的素质。

总而言之，跟任何时候一样，阳春白雪，大多和者盖寡；下里巴人，一般不胫而走。所以尽管此书不是一本严肃的学术作品，但是当年在影响英国普通大众对中国的看法上，所起的作用恐怕比前者更大，因此有助于我们了解此后的一系列历史事件之所以发生的背景。至于书中或多或少保存的当年景象，自然也成了回忆的参照。这便是我们选择翻译它的原因。谨此说明。

李国庆

2008 年 12 月 1 日于美国哥伦布市小叶巷

前　言

在我历经了漫长的海上航程后，本书第二版即将出版。我非常高兴地向出版社和公众表达我的感激之情，感谢你们对本书第二版的鼓励和支持。我很清楚，书中还有很多不尽如人意的地方，但我相信这也许是一种途径，能够博得我的同胞对受压迫的"华夏子孙"和他们的事业的同情，也让同胞们对"中国"特有的美丽和令人着迷的风景以及建筑更加熟悉。在那个遥远的帝国里——她热爱和平、勤俭的人民，如同古代犹太人一样长时间受奴役——一场轰轰烈烈的类似太平天国起义的运动即将发生，旨在驱逐贪婪而残暴的篡位者，让令人尊敬的明代皇帝的合法继承人和后代重掌大权。我真诚地期望，所有关心中国福祉的人与中国改良派团结起来，努力防止任何势力干涉破坏他们的正义事业，力求让中国人民摆脱压迫者的魔掌。

本书的一位评论家明确地指出："如果我能够抑制自己魏格①般的'坠入诗歌'的倾向，不是处处大发感叹，这本书的

---

① 狄更斯小说《我们共同的朋友》(*Our Mutual Friend*)中的人物，常常文思泉涌，吟诗作词，朗诵自己或喜爱作家的作品。——译者注。下同，除非另有说明。

价值并不会打折扣。"我在此毕恭毕敬地阐明我的想法——当考虑到我所希望描述的这个国家的印象和左右大部分行文、激发灵感的环境时——诗歌就当仁不让地被引用了，因为，让我用一位才华横溢的作家的话来解释："东方是个诗歌的王国，在这里，大自然充满欢乐，在壮丽的日出和日落时分，她挥洒了调色板上所有的颜料；她安装了自己的灯盏——在广袤无垠的深蓝色天空上闪烁着明亮的星星——大气是如此的透明，以至于人们可以透过穿透苍穹的阳光看到无边的宇宙；而月亮将银色的光芒洒满世界，这在西方很少看到。太阳光芒散发出如此巨大的能量，伴随着热带阵雨，绿色植被如同在暖房里一样迅速生长、铺满大地。大自然向人们展示自己的恢宏，高耸的峭壁和崎岖的山峦矗立在蜿蜒的河流中，日落时柔和的光线洒向阴沉的岩石和遮阴的溪谷中，而午日的乌云将自己的阴影投在这可爱的景色上。"

毋庸赘言，现在我必须要求读者陪伴我在想象之中漫游那遥远的"玄华夏"。希望此行令人愉悦，有所启迪。

何耕

1898 年 8 月于肯特郡赫恩湾

目　录

第一章　在上海 / 001

第二章　中国仆役 / 011

第三章　"可爱"与大钟 / 016

第四章　天朝淑女王素洁 / 021

第五章　私家侦探 / 029

第六章　苏州城 / 042

第七章　命运印鉴 / 048

第八章　总税务司和中国海关 / 061

第九章　中国新年 / 071

第十章　在风顺轮上 / 076

第十一章　芝罘与大饥荒 / 085

第十二章　动物神话 / 099

第十三章　梁阿头的屏风 / 108

第十四章　遭遇走私犯 / 114

第十五章　在厦门和漳州 / 123

第十六章　毒蛇的气息 / 135

第十七章　云里和他的命运 / 143

第十八章　厦门和"南澳"海盗案 / 152

第十九章　淡水与基隆　/　166

第二十章　巡抚刘铭传和邵友濂　/　178

第二十一章　出海　/　185

第二十二章　在海口与琼州的日子　/　191

第二十三章　诗人苏东坡　/　203

第二十四章　夜游香港　/　212

第二十五章　一件令人啼笑皆非的案子　/　223

第二十六章　广州之行　/　231

第二十七章　文武庙和游行队伍　/　246

第二十八章　香港大瘟疫　/　252

第二十九章　集火花　/　263

第三十章　清朝官吏　/　270

图片目录

小贩与卖家 / 004

上海平面图 / 008

苏州淑女 / 022

吸鸦片 / 032

烟具 / 036

讨价还价 / 040

浪漫庭园 / 044

清朝官吏 / 066

吃饭 / 072

芝罘李鸿章祠 / 086

芝罘饥荒 / 093—098

从东海滩望芝罘 / 112

厦门万石岩庙 / 124

万石岩庙西门 / 128

万石岩庙另外一个景观 / 130

厦门仙足庙 / 132

处决"南澳"案海盗 / 154

行刑后 / 160

方耀将军的名帖 / 162

水牛 / 168

海口庙门 / 192

中国宝塔 / 194

打场 / 198

脱粒 / 200

碾米 / 206

从九龙看香港 / 214

书院入口处 / 220

插秧 / 224

庙内 广东 / 232

船上村庄 广东 / 234

光塔 广东 / 236

河边景色 / 242

文武庙 香港 / 248

作者收集的火花 / 264

作者收集的火花 2 / 266

第一章　在上海

1887年5月，一个阳光明媚的傍晚。我登上一艘整洁的小三桅帆船。这艘船曾在夏季载我从非洲的沙滩海岸出发，安全漂洋过海。这一次它又送我前往新的目的地，驶向友好的"神秘的中华帝国"，通称"天朝大国"。这个国家我早有耳闻，也从历史悠久的马可·波罗的游记中将信将疑地读过；在这里，一个古老而充满智慧的文明吸引着好奇的旅行家去探索。

我们满帆向前航行，海风从右舷吹来。越靠近低浅的陆地，江水变得越黄，直到我们不声不响地驶入黄浦江。我们被眼前的景象所惊喜，已经厌倦了沉闷的茫茫大海的双眼顿觉一亮：泥泞的河岸上，灌木丛丛，大片的绿色植物摇曳着，从我们身旁滑过。透过树丛，我们偶尔瞥见一眼周围的乡村，一望无际却井然有序的菜园和稻田被大片的竹林分割着，舒适的农家小屋掩映其间，屋顶上铺着茅草或是青瓦，朴素而温馨。船靠近一个庞大的炮台时，我们很快发现一个与众不同的小镇。那里有几栋被石灰水刷白的房子，房顶上飘扬着法国的三色旗。我第一次身历这片古老的土地，亲眼看见一个天朝的子民，身着传统服装，精心编织的长发辫光滑油亮，柔软的缨穗几乎拖到地面。对此我一直引以为幸。

然而我并不欣赏他狡黠而冷漠的表情，他的眉毛向上挑着，眼睛眯眯的很警觉；看到我们敏捷而小巧的帆船，肉嘟嘟的嘴巴似乎无意间流露出一丝不易察觉的讥讽：和他引以为傲的本国粗糙的平底船相比，我们的小船在他看来无疑不占上风。他们那些看上去笨拙的帆船从我们身旁经过，映入眼帘的是高耸的没有横桅索的桅杆，俗不可耐的船尾和低低的船头。船头两侧如果没有一个大大的媚眼，这条船就不完整。如果你问一个中国人，为什么会这样，他会自信地告诉你一个俗语："看不见，活不了！"

船工是如此相信媚眼的法力，以至于会毫不犹豫地摇着橹在全速前行的蒸汽机船前穿行，以展示他们内心蔑视"番鬼"、自信能避邪的功力。"番鬼"或"洋鬼子"是他们对所有外国人的通称。于是，来自欧洲的船只与当地的船只频繁碰撞，通常是后者结局悲惨。

然而，来到一个新的国家，所见所闻都是新奇、动人而且有趣。我们思如泉涌，浮想联翩，思绪万千，尽管有些应接不暇，我们还是沿着逐渐变宽的河面，经过右前舷浮现出的漂亮的意大利别墅，向上海港快速前进。上海港位于波涛汹涌的黄浦江西岸，深入内陆大约12英里，建立在一片被许多河湖分割的冲积平原上，周围也有些低矮的丘陵。

现在，几条漆饰鲜艳、鞋形的船，亦称"舢板"冲到了我们的船旁。不一会儿，船旁拥满了争抢的人们。十几个赤裸着上身的苦力、船夫和衣着体面的中国商人，凭借着带钩的长竹篙和缆索，乱哄哄的，嚷嚷着、推推搡搡地上了甲板，他们操着谄媚的洋泾浜（Pidgin）英语①和船长打着招呼："请""请"（打招呼用语，代替"日安"）。人群中有杰克阿兴（Jack Ah Sin），是"天下第一洗衣手"；汤姆阿发（Tom Ah Fat）是"一个非常正直的裁缝"，据他自己说，跟船长有多年的交情，称船长作"第一绅士"，因为他总是付给穷裁缝很高的报酬。再就是金风（Ching Fong）先生，一个精力充沛的买办，也"跟船长有多年的交情"，急切地想看看"有什么他能要的，有什么他能够瞅瞅的"，他们"最渴望的是看到装满东西的房子"。

这些诚实的人叽叽喳喳、比比划划，在手足无措的船长面前争相兜售一些廉价而厚利的小玩意和服务。一个身材魁伟的"天朝"艺术家一手拿着画笔、一手拿着画布，几乎把倒霉的船长挤出天窗。他执意要画船长那络腮胡子脸，只要微不足道的"6块钱"。虽然目不转睛、兴奋地盯着船长那张风吹日晒的脸看了一阵，发现船长突然变得"非常英俊"，他最后还是徒劳无功，和其他人一起被轰下船。尽管受到挫折，他仍然面带微笑，千恩万谢，满心希望尽快能够再和船长会面。

我们很幸运，在虹口租界的东侧、叫作老宁波码头的边上立刻就得到一个泊位。当缆绳拴牢、舷梯搭好后，我兴高采烈地上了岸，立刻就被一群衣衫不整的苦力包围起来。他们站在各自人力车的把杆中间。这些人力车看上去像有盖的双轮小马车，上面有可伸缩的防水雨篷。我跳进身边的一辆车子，像盼

---

① 皮钦（或译别琴）一词是中国人对英语贸易 business 一词的发音，指的是带有含汉语发音、说得快而不清的英语。——原注

⊙ 小贩与卖家

咐我的战马那样告诉那位长得瘦高的车夫带我去最近的饭店。他似乎是听懂了，点着头，咧嘴笑了笑。他抓紧车把，抬起来，先是颠跑了几下，上路后，步伐就变得平稳了，而且脚步令人意外地敏捷。

离开码头一带，我们的车进入了百老汇路[①]。这是与黄浦江平行的一条街，道路消失在大街两边的商店里。

太阳已经落山了，就像在热带地区一样，夜幕突然降临，但是光线仍然明亮，整条大街灯火通明，这崭新的东方生活万花筒让我目瞪口呆。

街道的两旁都是商店，商店门口有长的、黑色、红色或金字招牌，上面用金色或者朱红色镌刻着店主的"大名"。这些醒目和招摇的方式有潜在的危险，个头高的人可能会被磕到。除了招牌，每家店铺都有自己独特的、透明纸糊制的灯笼，灯笼上用朱色描画着店主的名字，因为朱色是生命的象征，而白色代表死亡。这些奇特的灯笼不仅起到了广告的作用，展示了商店和物品的外观，也为街道增色不少。虽然便道很宽但却拥挤不堪，因为每家商铺前都有小货摊挤占了人行道。商铺的老板通过出租公用的步道给小摊贩赚钱来补贴家用。这种小事情，民不举官不究。

尽管过路的行人都被迫走在这条拥挤的路上，甚至被挤到排水沟里，但宽容大度的人都司空见惯了。法不责众，每个人都会这么做，以自己的祖先为榜样。也许他们是善良的人或是

---

① 今大名路。

哲学家，但这些都无济于事，他们必须忍受现实。

除了那些不知深浅的"洋鬼子"以外，没有人对此质疑。那些洋鬼子想法怪异，傲慢地看待未来，而不是像汉人那样驯服地继承传统，做一个孔夫子的弟子，总是沉浸在辉煌的历史中，成为他和他的国家安于现状的根源。我很快就得出结论，中国人过去是、现在是、将来也是非常怪异的一类人。我的快脚人力车夫也绝不例外。在靠近一座精致的桥梁时，他向左急转弯，把我放在礼查饭店（Astor House Hotel）[①]门前。他知道我不是懂行的中国人，还没等我下车，就用中式口吻漫天要价，欺负我这个外国人。

我在酒店的吧台换了点零钱，给了他5毛钱，高于正常价格的5倍，但是他并不接受，大喊大叫，要1块钱。我回到酒店，把此事交给中国买办处理。他只给了他该得的1毛钱。车夫没吭声，到外面等我。

一个点头哈腰、谨小慎微的"仆役"（在中国男性服务员无论长幼，都被叫作"仆役"）把我带到一个风景很好的房间。这里可以看到黄浦江和大马路。

我梳洗完毕，穿了件薄法兰绒衣服下楼到餐厅，享用了丰盛的晚餐。吃完饭，我觉得屋里燥热，想再去看看这个模范租界。我点了支雪茄，到街上闲逛消遣。

我的朋友，那位人力车夫从黑暗的角落里走过来，客气地示意我上车，我上车后发现自己又陷入一次冒险之中。

上了百老汇路之后，他向左转，顺着来时的方向，走上苏

---

① 今浦江饭店，上海最早的新式饭店。

州河拱桥，这是虹口美国租界与英国租界的分界线。这条河弯弯曲曲，一直通向著名的苏州城。我稍后将向读者介绍它。

车子到达桥的顶端，美妙的景色逐渐展开，将我们融入其中。车夫一路下坡飞奔着，速度惊人。我好奇地抓着颠簸的车帮，预备着随时会跌入泥泞的河中，或者弹射到空中、跌入路两旁的美丽树枝中，我非但不紧张反而乐在其中。直到我的战马放缓了脚步，我才回过神来，体验着周围庄重的氛围：稀有热带植物和花草的芬芳散布在空气中，燥热白天之后的夜晚令人惬意。

我已经得知，城市乐队晚上9点将在公园[①]演出。时间还早，我让车夫拉着我继续在英国租界奔跑。

右手边的桥下，既是外滩的起始点，也是围着围栏的英国领事馆，一堵矮墙将它与马路隔开。副领事和翻译的宅第被灌木丛和草坪隔开。宽大的草坪修剪得十分整齐，为网球爱好者所喜爱。

沿着外滩向南，我们经过了一排华丽的建筑，分别是禅臣洋行[②]、怡和洋行[③]、太古洋行[④]，还有其他著名的商业公司，如大英火轮船公司。在这些欧式房屋的中央，坐落在一座有着精美屋檐和蜿蜒山墙的中国古庙里的海关办公楼赫然耸立，在这些外国建筑中别具一格，周围英式建筑的门面也被衬托得更显庄严。

---

① 应指外滩公园，即今天的黄浦公园。这是上海最早的一个公园。
② Siemssen，现外滩28号。
③ Jardine Matheson，现外滩27号。
④ Butterfield & Swire，现外滩22号。

⊙ 上海平面图

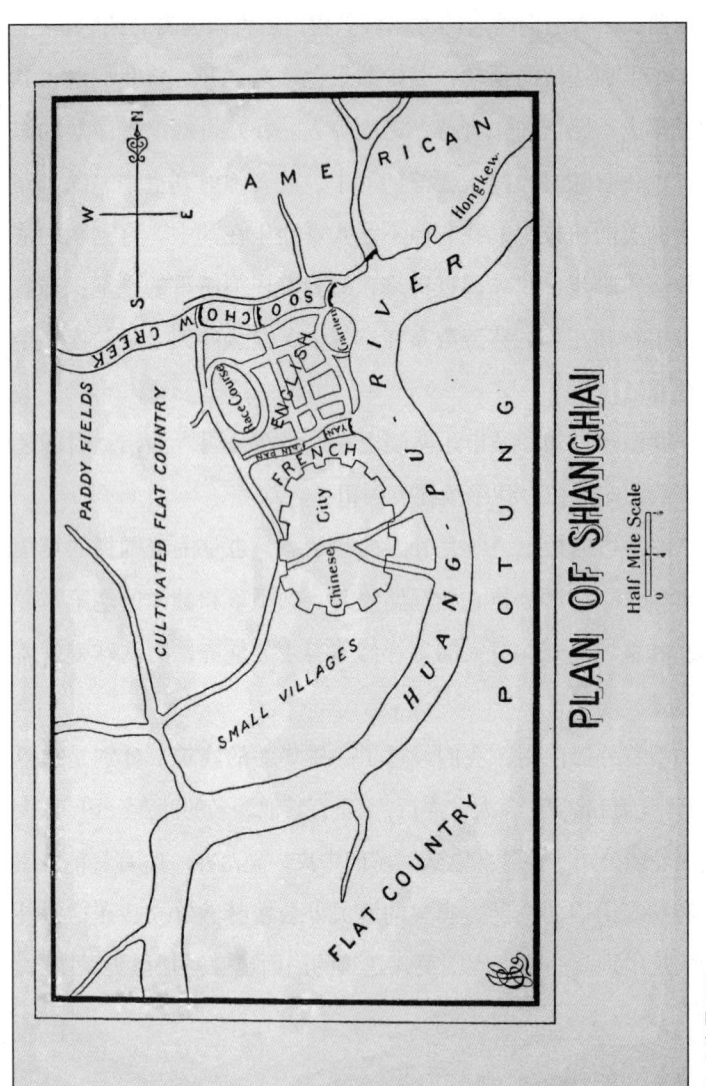

租界的最南端，紧邻标志着法租界的开端洋泾浜河岸，矗立着4层高的英格兰俱乐部，它俯瞰江面，遥望浦东，灯火辉煌，光耀四周。在1863—1864年的经济繁荣时期，这座建筑由一伙雄心勃勃的股东花费121000两银子建造而成[①]。在俱乐部宽大的走廊里，在堂皇的大厅里，这个"模范租界"的精英们享受着聚会带来的社交乐趣。

街上有很多轻便的双轮或四轮马车、旧式汽车和其他时髦的车子，鞍辔华丽的马匹，穿梭在宽阔的街道上。看到这些我一点都不奇怪。这些车辆有的被富商、政府官员或他们端庄的妇人占用，有的被最漂亮的"天朝"姑娘所乘坐。她们锦衣绣服，像一群彩蝶从你身边掠过，黑杏仁般的眼睛对你视若无睹。

看够了一个晚上该看的东西，我不想进入死气沉沉的法国租界。租界里，不同年代建设的楼房并不引人注目，这些建筑俯视着凄凉的街道上一些瘦弱的树木。树荫遮蔽着一些被世界遗忘的、游荡着的军人。他们无疑常常希望自己从流放中再次回到遥远的"美丽法兰西"。我告诉我的温顺的车夫打道回府，他奉命执行。

到达饭店的花园后，我付了钱，沿着曲折的小径穿过小树丛，到了一片椭圆形的、有些坡度的草坪上。那里有个供乐队演出的台子。令我意外的是，饭店的一个仆役正在一个长藤椅边上等我。我像其他人一样在椅子上躺下来，点燃了一支雪茄，

---

① 又称上海俱乐部，在上海外滩的黄浦路3号（现中山东路3号）。因为主办人是英国人，所以中国人把它叫作"英国总会"。20世纪50年代后改为国际海员俱乐部，70年代改为"东风饭店"。

在乐队演奏的令人愉悦的乐曲声中，呼吸着夜晚凉爽的空气。

在我的座位上，我可以清楚地看见黄浦江从花园东边的堤岸边流过。月亮高悬在空中，皎洁的月光洒向祥和而洋气的花园。

这里的景色真是不错：平静而清凉的江水，风景如画的花园沐浴在柔和的光线中，精心修剪的热带花草俯拾皆是；装束各异但衣着体面的漂亮女士徜徉在小树丛中；空气中的留香和低声的耳语都暗示着此情此景宛如"仲夏夜之梦"，与作品中对美丽的海伦娜聚会的描述是令人惊讶的一致。作品中，她沉浸在不朽的爱情里，白皙如百合花般的脸颊上浮现出少女喜悦的红晕，对她父辈年龄的男人有着不可抵挡的诱惑力。到了他们这种平淡无奇的年龄，矫揉、虚伪一定会搅了懵懂少年向往爱情的夏日美梦。

第二章　中国仆役 ①

第二天，我被忠心耿耿的仆役叫醒。我来了之后，他就专职伺候我了。他打开房门，大声说："主人，你想不想起来瞅瞅？现在都10点半快11点了。"他操着非常标准的洋泾浜英语告诉我，时间不早了，早饭已经准备好了。

春光明媚。清新的晨风将奇异的花香吹拂到我的床前。昨天夜里，四下寂静，成群穷凶极"饿"的蚊子包围了我，单调的嗡嗡声令人疲倦不堪、昏昏欲睡。蚊子一面发出嗡嗡声，一面在你身上寻找着"下脚"的地方。它们会落在你的鼻子上并给你留下烦恼。但是当你熟悉了它们的路数并能够准确打击，它们的下场也就没有什么悬念了。

再说说我和蚊子周旋的经历吧。如果蚊子在你身上立足未稳并尚未开始大开杀戒，你肯定打不着它。最好的办法是等待机会，直到确定万无一失，而不是把它逼到绝路上；因为一旦它垂死挣扎，它会折腾你一晚上，不达目的决不罢休。它会向你身上任何没有保护的地方进攻，以中饱私"囊"，让你不胜其

---

① 原标题为"独特的性格"，按照内容译为"中国仆役"似更为贴切。

烦，苦恼不堪。在每两次骚扰之间，它的帮凶又来分散你的注意力。

轻视和低估敌人的能量都是不对的，切记对待蚊子也是如此。千万不要激怒它们，或者期待着一举全歼。要勇敢地、最重要的是耐心地对待它们——你们只不过是一群欺软怕硬的家伙——用科学理性的态度，一次干掉一只，最后全歼。

在中国古典文学中，有一则短篇故事，通过讲述年轻人热爱母亲的例子，教育青年人对老人孝顺。有一位老妇人被蚊子折磨得痛苦不堪，无法安眠。老人有一个善良并有责任心的儿子，每晚在母亲休息之前，他义无反顾地先躺在母亲的床上，任蚊子叮咬，直到蚊子吸饱了他的血而不再攻击他的母亲。青年人可圈可点的奉献行动，使母亲从此可以安眠。显然，那时人们还没有使用蚊帐。

早饭后，我出去拜访了《字林西报》(*North China Daily News*)的编辑，并和他做了一番长谈。长谈之后，我得到了一个编辑职位的美差。他们还为我安排了办公室楼上一套漂亮的单元房，这套房间也可以转让。

我借此机会证实我的没有偏见的观点——《香港孖剌西报》(*Hong Kong Daily Press*)是个例外——《字林西报》是远东最权威、编辑得最好的报纸[①]。

---

① 我的令人尊敬的朋友和同行欧世（O'Shea）先生最近在上海发现了一本新的杂志叫作《中国杂志》(*The Chinese Gazette*)。他经验丰富，能力超人，是获取东方信息的可靠保证。按照他的话说，他"已经能够确保与中国的顶级作家合作，在北京、天津、汉口和主要的通商口岸以及其他中国城市的主要新闻中心都有线人"。——原注

我花费了几天的时间安顿下来，适应环境，为自己的宿舍采买必要的家具。如果有可能的话，我不想继续住在饭店里，毕竟那里多少有些奢华。

另外一件重要的事情，是找一个好使唤的仆役和一个身体结实的车夫。车夫的人选我已经想好了，就是前一晚上的那位。他也为生活中这个意想不到的惊喜兴奋不已。他欣赏着我为他特制的白镶边制服，欢呼雀跃。为自己的车夫或者抬轿子的苦力作制服，这既是当地的风俗也很必要——既为了干净也为了和他那些并不洗澡的同行做个区别。

在招募仆役的面试会上，形形色色的仆役来到我的面前展示自己，每个人都带着精心保存的、证明自己是"最好的"仆役的推荐信。这些信看上去几乎都支离破碎，被使用过很多次，经过多年的磨损，现在又被用很少的钱租来使用。

在应征者中，一个看上去老谋深算、装束传统的仆役自称是地球这边所能找到的、最可靠的仆人。为了证明自己的话，他掏出一张古旧的英语文件。仔细阅读后，我发现上面写的却是一个叫作史密斯的先生卖给一个叫作侯兴（How Chin）的人一头驴，赚了8块钱。

我告诉他："文件上的洋泾浜英语真是太不地道了。"他似乎很意外，但也同意我的说法。然后，他出去找那个骗他的人算账。

如果我没有把中国仆役的性格特点告诉读者，我的作品就是不完整的。他们在所有居住在远东的欧洲人的日常生活中发挥着重要的作用。

然而，我也必须强调，中国的"仆役"是个与众不同的独特群体。他们以前或者现在对外国人的观点都是一成不变的，那就是：世界上的外国人永远是谎话连篇和桀骜不驯的。当你想到此，你会感叹，仆役才是不折不扣的骗子。

首先，他是你的家务总管、仆人、翻译、管小钱的，如付车钱和其他额外开支，他都会兴高采烈地拿来报账。他从来不会入不敷出，万一如此，他会微笑着，孩子般地、温和地向买办要求提前支取下个月的工钱。

每到月尾，他会拿一个长长的、由勤杂工备好的账单给你，并声称账目清楚。但是，你一眼就能看出里面有多大的水分。然而，当你想把内心的怒火一股脑地发泄出来时，他又会笑眯眯地、泰然自若地问你，哪一项算错了？

你会痛苦地发现自己孤立无援。账单的细目冗长而乏味，每条都太细，又不可能置之不理。因为，诸如"中国狗，5角钱；旧大衣翻新，4角钱"，等等，这样的账目看起来不起眼，但也不能忽略不计。即使你确信自己发现了一些的的确确敲诈你的"蛛丝马迹"，这个肆无忌惮而又占上风的家伙会貌似无辜，带着惯有的微笑，心平气和而又慢条斯理地给你解释其中的原因，并委婉地劝你接受。

其次，跟仆役生气毫无用处。你要是一味地与这些账目较劲，无论怎么加，它们的总数还是一样。在这一点上，有一个众所周知的事实。每个月仆役都会拿来账单，让你受一次刺激，但他深知你能容忍，而不会跟他过不去。这是因为，他一开始伺候你，就估算出你的收入，进而算出了他该得到的部分。

再次，仆役只求少干活多拿钱，其实并没有太大的野心。他从早到晚能睡四次觉，他还时不时地招来一帮朋友打牌，无节制地享用着你精选的雪茄烟和雪利酒。他的小日子过得很惬意。

不过，有几件事他却是有要求的——合理的待遇，不会受到拳脚相加，尤其是要有一个平静的生活，没有喋喋不休的唠叨。这些条件，还有他的工资待遇，以及可能要面对的收入不公等因素，他都会在心里掂量一番。他会权衡利弊得失，如果说情况对他有利，他就会留在你身边继续服侍你。

第三章 "可爱"与大钟

虽然我非常讨厌固执的、排外的清朝统治者,但是,我始终喜欢并尊敬知书达理、爱好和平的传统中国人,尤其仰慕他们中的女子——在我最不着边际的想象中,我还幻想着她们中的一个人会最终勇敢地救我一命,并成为我忠实的妻子。

在我的故乡,每当我听到离家不远的乡村教堂里响起庄严的钟声,早晚不停,就会想起遥远的中国,想起我亲爱的老朋友李楚(Chu Lee)。他是一个少有的好人。尽管他是个虔诚的基督徒,他却绝不放弃自己民族所固有的迷信;听上去最不可思议的故事,让他讲起来却还像个孩子一样当真。

一个晚上,我们一起走在上海的一条靠近老城的街道上,附近一个修道院的钟声开始响起。他突然抓住我的胳膊,让我停下来,大叫道:"听啊!听啊!那钟声听起来多像可怜的'可爱'的声音,可怜的孩子在找她的鞋子!"

我四下环顾,希望能够找到这个女孩。但我既听不到也看不到她,而我朋友的目光似乎凝滞在空中。我想他是在为自己的幻觉而苦恼,一时不能自拔。

"你说什么?"我问道,"你说的这个天朝的女孩是谁呀?"

他没有立刻回答我的问题,而是陷入沉思,嘴中随着钟声重复着"鞋""鞋"。钟声停止,我们继续走,他突然又从恍惚中回过神来。

"我猜你从没有听过可怜的'可爱',也没有听说过有关与北京老钟楼的悲惨故事。我会告诉你——那真是个令人悲伤的故事——今天晚上听到的钟声让我想起,这钟声太像'可爱'的声音了,我几乎认为这就是她,我似乎又回到了北京。"他边走边说,向我讲起了下面这个故事。

很多年前的明朝,永乐皇帝希望给自己的子孙留下一些遗产,有一年下令在北京建一座钟楼。钟楼里有一口大钟,后来成为记录专制暴政的纪念碑。

建造钟楼的任务被层层下达。一旦任务完成,皇帝将传唤众大臣,以示满意。现在,当务之急是要铸造一口大钟。为此,他传唤了一位技艺精湛的工匠,委托他完成这项工作。这位受宠人的名字叫作于观(Guan Yu),也是京城的一位高官。他广结善缘。接到这个任务后,他飞奔回家,将这个喜讯告诉他心爱的女儿"可爱"。"可爱"芳龄十六,面容姣好。这天是这位善良老人自豪的日子,他家里高朋满座,期待他大功告成。

翌日,他开始了铸造工作。现场人头攒动,大家指手画脚,各表其是。

两个月的时间在紧张和愉快中度过。一天,城里发布通告,次日皇帝将亲临浇铸现场。于观满怀对胜利的憧憬和喜悦,期待着自己功成名就的一刻。女儿"可爱"也满怀希望。一大早,民众就聚集到新的大钟附近。时间一到,传令官兴高采烈地用喇叭宣布:"皇帝驾到!"皇帝在文武百官的簇拥下款款而来,为仪式增色不少。

现在,于观向前迈了一步,向皇帝深鞠了一躬,并向手下的工匠发出信号,熔化的铁水被铸进模子。忽然,人群里鸦雀无声,一种不祥的沉默降临,人们纷纷引颈前望,一探究竟。我不能不描述一下这位失望的铸钟人的脸色,先是泛起了红晕,而后由红变白——钟被浇铸成了"蜂窝",浇铸宣告失败。

皇帝龙颜大怒,严词警告,率领百官拂袖而去。于观被削去官职,落荒回家。然而,他却在自己的女儿"可爱"那里得到了鼓励,看到了希望。他决心鼓起勇气,克服困难。

两个月的时间平静地过去了,众多的百姓再次聚集到一起,观看第二次浇铸。然而,这次尝试再次以失败告终。急不可耐的君主盛怒之下,放下话,事不过三,下次再这样,他要将于观开刀问斩,随后起身,扬长而去。于观也回到家中,万念俱灰。他的可爱的孩子满怀热情和希望又一次鼓励他战胜困难,使他得到些许的安慰。

"可爱"勇敢而充满爱心,不希望铸钟失败的阴影再困惑自己的父亲。她一直为父亲担忧,这次更坚定了自己行动的决心。

让日子过得快快乐乐
在她博爱的庇护下结束悲哀

"可爱"终日以泪洗面,思考再三,反复祈祷,终下决心;如有可能,占卜结果,预防不幸。为此,一天,她趁父亲不在家，乘车外出，求教巫师。她穿越了许多小巷，来到郊外一处屋顶爬满植物的小屋，小心翼翼地走进房间。她看到了一位老人弓着背，坐在昏暗的火堆旁，屋里家徒四壁。

起初，他并没有在意她的到来。后来，他用微弱的声音示意她坐下，询问她的来意。她立刻跪下，讲述了自己父亲的不幸，恳求老人在这件天大的事情上帮忙。

时间一分一秒地过去了，占卜师沉默不语，神情恍惚。过了一会儿，他回过神来，全身像触了电一样，身上的每块骨头都嘎嘎作响。他直起腰站了起来。

"我可怜的孩子，"他说着，站到她身旁，把手放在她的肩上，"这真是个残酷的、需要自我牺牲的考验，救他的人必须忍受痛苦。我现在不能告诉你真相，我只能告诉你无情命运的严厉判决。我是个沉默寡言的人，你可敬的父亲应该继续浇铸大钟，直到死神让他停手不干。这双手汇聚了他祖上世代能工巧匠的智慧。但他和他们都不会成功，因为有件事命中注定，就是如果没有一个天真无邪的女孩子的鲜血与铁水融合，浇铸永远不会成功。这是项高尚的事业，我不能多加评论，我的孩子，老天保佑你！"

"可爱"回到家里，又悲伤又害怕，但还是义无反顾地决定牺牲自己的生命，以拯救父亲，挽回他的名声。

那些最后的日子对她弥足珍贵。她整天都陪同父亲铸造大钟，现在这已经是她生命的一部分，而生命的每一部分都要尽善尽美。她感到欣慰的是，她能够奉献自己以报答父亲的养育之恩，除此之外，别无他法。

第三次浇铸的时间到了。天空明亮而又平静。那座城市的人会永远记住这个日子。一清早，人们从周围的十里八乡赶来，谈论着成功与失败。人们都知道，这次失败意味着铸造师性命难保。

可怜的"可爱"一早起身，戴上自己的宝石和各种饰物，穿上漂亮的丝绣衣服，到离家不远的庙里做了晨祷。她进了香，简单并认真地祈求，因为这是她生命中的最后一天了。她获准进入浇铸现场。

喇叭里再一次传出传令官的声音："皇帝驾到！"人们再一次围拢观看。"可爱"的车子离现场越来越近了。

现在，她父亲向前一步。

他的手抬起来了。

凄厉的声音撕破了宁静——铁水嘶嘶作响，人们开始向后退，人群中发出议论声。"可爱"一头扎向沸腾的铁水，转瞬即逝。

一个仆人冲上去试图抓住她，但只抓住了一只绣鞋。

再也看不到"可爱"了！大钟铸好后，完美无瑕。但悲痛欲绝的父亲却无法忍受撕心裂肺的钟声，那钟声就像"可爱"的声音，重复着"鞋"这个字，呼唤着，寻找着。时至今日，钟声里甚至还能听到，"可爱"在呼唤着鞋子[①]。

[①] 北京钟楼有永乐年题款、厚约 27 厘米的铜钟，并有铸钟娘娘的传说。传说原来钟楼的铁钟声音不够洪亮，就打算铸口新的，但 3 年未成，皇上很是不悦，杀了监铸太监，下令 80 天铸好新钟，不然就杀光铸钟的工匠。铸钟工匠中有一位叫华严的，为了铸钟成天苦思冥想，嘴里老是念叨着："什么原因铸不了钟呢？怕是缺什么东西吧！"他的女儿华仙看着父亲日渐憔悴，眼看铸钟的日子就到了，很想免除父亲和工匠们的厄运。铸钟当日，炉温又升不上去了，这时一个红色的身影落入炉内，这就是华仙姑娘。而这次大钟终于铸成，此后华仙被尊为"铸钟娘娘"。传说华仙跳炉时，华严没能抓住她，只抓住了她的一只绣花鞋。在夜深人静钟声响起时，浑厚的声音中泛着"鞋——"的颤音。

第四章　天朝淑女王素洁

我并不是很了解中国富人的日常生活，但我深知，这方面的记载汗牛充栋，却有很多不实之词在误导读者。毫无疑问，天朝帝国的富庶，让他们在生活中大多是一夫多妻。

中国富人的正妻一般大门不出二门不迈，用刺绣来打发时间，而她们的刺绣手艺通常都出类拔萃；如果是书香门第，便读读书，填填词，并择时去附近的庙里求神拜佛。

然而小妾们只是过着富裕的、有时候却是悲惨的生活。大老婆一言九鼎，大家都要让着她。如果她心地善良，温顺谦让，那么大家的日子就快活得多，大家如同姐妹一般。但即使如此，就像我们普通人一样，即便是最规矩、最团结的家庭，嫉妒不和也是常有的事情。那时全家就会变得鸡犬不宁，人人自危。

按照中国法律，尽管丈夫对妻子拥有绝对的权威，在某些情况下，甚至是合法的生杀予夺的权力，有时仅仅因为太太打了他一下，他就可以罚她受到百倍的殴打；但整体来看，打老婆的现象并不普遍。中国男人都是举止文雅、彬彬有礼的典范。另一方面，这些中国男人还常常会忍受妻子的没完没了的数落，其措辞之严厉在世界其他地方实属罕见。

⊙ 苏州淑女

以我在中国 7 年的生活经验，一般说来，中国的妇女节俭忠诚，生性快乐，大多是贤妻良母；丈夫们勤劳节约，善待家庭。

当然也有例外。但是，我想强调的是，他们很少酗酒，而这在英国非常普遍，那里许多中下阶层家庭的痛苦多来自酗酒的妻子和丈夫，尤以后者居多。他们每周拿到薪水后往往彻夜在外狂欢作乐，身无分文地回到家后，对辛苦劳作、望眼欲穿的妻子拳脚相加。

我在上海的朋友和熟人里，住在虹口的伊先生有一个中国妻子，来自大户人家，两人有几个非常可爱的孩子。

一天下午，在伊先生的家里，伊夫人向我介绍了一个娇媚的苏州美女，名叫王素洁，是伊夫人的远房亲戚，一个孤女。她母亲刚去世不久，留给她一大笔遗产，大概是 15000 美元。她被托付给姑姑，姑姑就充当起监护人，直到她结婚或者成年。

素洁不仅年轻，而且是少有的漂亮，苏州女子所特有的那种美貌在东方早已声名远扬。如同梦幻中的出水芙蓉，她的肤色白皙，鼻梁笔直小巧，樱桃小口却带有一丝坚定，只有在水灵灵的大眼睛中流露出稚嫩。由于受到良好的教育，她英语流利，如同她的许多同胞一样，聪颖好学，超出她的年纪。

相互认识后，我多次有幸在伊先生家里见到她。她以她独有的聪明迷人的方式陪伴我。她讲的离奇有趣的书本知识和传说使我非常愉快。她把自己所知娓娓道来，令人心驰神往。

毋庸置疑，尽管她是中国的淑女，我却变得离不开她了。同时我的尊重显然也得到了回应。她如此单纯、坦率，根本无法遮掩对我的敬意。她是以自己独有的谦虚态度表达这份情义的。很长一段时间她不与我并肩而坐,而是按照中国的礼仪,坐在比我的椅子稍后的地方,以便侍奉我。这样一来,交谈的时候我必须转过头去,让我感到很失礼。

在宁静的夏夜,我们曾经手拉手徜徉在花园之中。她的女仆,亦称阿妈,跟随在后,礼貌地保持着距离。我们也曾坐在江边,欣赏着爵士乐队演奏的迷人乐曲,周围"全世界的男人和他们的太太"都出来享受着远处海上漂来的和煦微风[①]。

我永远忘不了那些与令人爱怜的小素洁在夏夜徜徉的情景。那时,我从不自寻烦恼为将来担心,任凭她的故事引导我的思绪随心所欲地造访那些历史上的辉煌。这些故事在她的心目中有着不可思议的魅力。

我是多么清晰地记着她和她的一颦一笑!她的大大的眼睛,长长的睫毛,快活地眨着眼、闪着光,她对过去的辉煌传统或历史寓言深信不疑,如老谋深算的老狐狸似乎总是在最不可能出现的地方出现,在把自己变成凡人或者喜爱恶作剧的仙灵之前总要大闹一番。

她自己似乎很相信这些可笑的故事。它们都是成百上千年

[①] 我不希望给读者以错觉,让他们误认为中国的习俗可以让女士,无论年轻年长、已婚或未婚,都可以与男人并肩而行。事实上,她们连自己的丈夫、兄弟或者亲戚都不能一起走。中国人,尤其是上层社会,通常将女性与外界严格隔绝。王素洁小姐是个例外。她曾就学于一所英国学校,与欧洲的孩子朝夕相处。由于早年就失去双亲,她更多受到同学的西方习俗和宗教的影响。当然,西方文明对中国人的生活渐渐地产生了有益的影响;在许多基督教家庭里,妇女——即使没有像在西方国家享受到相当多的自由——也赢得了相当的尊重。给女童裹足,人为的使得她们的脚变小是种令人厌恶的习惯——会使得女子的脚完全畸形而腿部则萎缩成残肢一段——少数有识之士已经试图逐渐遏制这种风俗了。——原注

前的事情了。她的祖先知道这些事情，那时的世界也和现在大不相同，人们既和善也驯服。她一边把脑海中珍藏的故事娓娓道来，声情并茂地启发教育我，一边也从这些故事里得到灵感。

平静的东方生活对我而言，似乎是梦境，既短暂放松、又吉祥快乐，远离骚动的、忙碌的西方世界。

我了解中国人时，从不考虑他们的社会等级、家庭背景，也不持任何偏见或者倾听任何会影响我情感的建议。我一直并将永远把他们作为个体而不是一个民族去热爱。我能深感荣幸地说，这些中国人对我怀有的敬意和信心，使得我能够把他们中的一些人当作我最亲爱也是最可靠的朋友，相信他们会无悔地跟随并支持我直到最后一刻。而这种信任，已经不止一次地得到证实是值得的。但是要了解并欣赏这些人，需要你认真地研究他们，正像他们在付出或接受你的友谊时也要反复琢磨你一样。

一天下午，应素洁的要求，我和她一起去看她住在东城门附近的姑姑兼监护人。走进她亲戚那所年久失修的房子，老太太并没有给我们什么好脸色，这让素洁很是沮丧和烦恼。我马上对素洁这位姑姑的人品产生了怀疑，对她也没有好感。看到老太太没有留客的意思，我们匆匆打了退堂鼓。素洁似乎非常沮丧忧虑。我不愿让这可怜的姑娘为着更多不必要的疑虑惊惶，因此并没有把我脑海里面徘徊不去的不祥预感透露出来。非常奇怪的是，我们当天晚上在素洁家里（那是一栋坐落在南京路上的漂亮宅子，有两个女佣）再次会面时，她也和我一般情绪低落，这似乎预示着有什么不幸即将发生。她说，两三个令人厌恶的丑女人监视着她的房子。她开始很害怕，但我认为那是她的猜想，花了一段时间帮她消除恐惧，并把这些全部遗忘了。我们俩都想让对方高兴起来，但效果甚微。到了告别的时候，我们无言以对。痛苦是无法用言语表达的，只有沉默意味深长。

我们就是这样分别的，而且非常可能是生离死别。自此一去经年，我们再也没有见过面。这就是生活啊！

但是我们梦中又再次相见
并且徜徉在寂寞的江边

在我后来的游历中，我只遇到过一位女士，无论言谈举止还是音容笑貌都与素洁相似，让我想起了素洁优美的、传统的和孩子气的习惯和想法。她就是我深爱的妻子。我是在那庞大帝国的北方沿海地区遇到她的，但她也是南方人。后面我会谈到她。

第二天晚上，我在约定的地方等素洁，但她没有露面。这样一连等了三天，我既焦虑又疑惑。第三天早上，我驾车来到她家，在门口遇到了两个女仆。她们似乎和我一样着急。从她们那里，我得知，两天前她收到一封信，之后就离开家，说是要去姑姑那里，会在晚上 6 点回来，此后就再也没有见到她。

听到这个令人吃惊的消息，我请求查看她二楼上的闺房，并和她们一起上楼。我们先去了她的起居室，看来干净整洁；然后又看了她的卧室，她的睡袍搭在椅背上，椅子下摆着她的绣花拖鞋。窗边的桌子上放着一瓶新采的玫瑰；梳妆台上她的金首饰和迷你手表与散发着香味的蕾丝边手帕放在一起。其他的小饰品四处散落着，看得出她走得很匆忙。

我采了几朵她常常戴在头上的小白花，用一块手绢仔细包好，留作对她和我在东方第一个夏季的纪念。

我立刻驱车前往她姑姑家。叫门后，她姑姑和两个长相粗鲁的男人出来回答了我的询问。她说，素洁确实来过，但是很快就离开了。他们也不知道她的下落。我对素洁非常担心，对他们的说法心生疑窦。我同那个挡路的男子迅速交涉了一下，便进入了那间宅子。快速地巡视了一番下层的三间房后，我上了楼。

我听到楼梯上面的第一间屋子里传出了金属硬币的叮当声和麻将牌的哗啦声，便推门而入。围坐在大理石桌面圆桌的是4个面目可憎的老妇人和三个像恶棍一样的男人，他们赌兴正酣。

我进屋的时候，他们匆匆抓起桌上的赌金，凑上前来。两个男人溜到我的身后，显然不怀好意。但是我没有被这个阵势吓倒，而是从兜里掏出一封信，告诉他们这是搜查证，只要我吹一声口哨，等在外面的人就冲进来抓赌。听了这话，男人们沿着梯子爬上屋顶的活动门夺路而逃；几个老妇人跟在我后面一间屋子一间屋子地看，互相嘀咕着。

素洁下落不明。我很肯定，她是一个罪恶阴谋的牺牲品，她被人软禁了，参与者就有素洁那个所谓的姑母。我决心不惜任何代价找到她。确认在这栋屋子里找不到素洁，我驱车前往法国警察总局，呈上名片，向警察总监通报了事情的来龙去脉。

听完我的陈述,他很抱歉地告诉我,由于失踪的受害人是个中国人,又并非我的太太,对这种情况,他们无能为力。他推测素洁被绑架是有人图谋她的财产,同时也是为了阻止她嫁给我。我抱歉打扰了他。正起身准备离开时,他似乎又有了新的想法。"我很遗憾无法帮助你,"他说,"不过这里有一位非常聪明的中国侦探的地址,他从军队里退役。我确信,如果你能付给他足够的报酬,他会乐意接下此案。"

谢过这位警官,我立刻起身去找这个能帮助我破解谜团的人,对我来说他身价百倍。

第五章　私家侦探

我在迷宫般的弄堂和黑乎乎的街巷里小心前行，最终在城墙附近找到了这个退役侦探貌不惊人的住处。

幸好他没有外出，我直接上楼来到他的会客室。房间里面从地板到天花板堆满了古代和现代的各种枪支，似乎是对他辉煌历史的奖赏。这些枪支包括抬枪（Gingall）、马提尼-亨利来复枪（Martini-Henry）、火绳马手枪（Matchlock horse-pistol）和柯尔特式自动手枪。它们与各种各样的中国锁、万能钥匙和待斩罪犯的图片等五花八门的物件整齐地摆放在一起。每件物品都贴上了标签，包装完好。此外，各种各样的塞口物、短剑、救生用品和不胜枚举的其他中式工具，以及物品主人的照片，也被分类编号以便查找。

这位值得尊重的人名叫阿顺（Ah Shun），中等身材，健壮结实，举止从容，透着幽默与智慧，勇敢果断。他衣着简朴，举止随和，却故作诙谐——事实上，在应当严肃的时候，他似乎总是在微笑。

在接这个案子前，他讲了他的条件——服务费3个美元1天，包括所有的费用。这听上去还算合理，尤其是考虑到他的声望，我答应了，聘请他为我服务，先付上 10 元钱押金。

现在，我开始讲我的案子，以帮助他了解其中每一个最微小的细节。他微笑着聆听了我的陈述，偶尔咕哝一句以表示他没有漏下什么。然而他很谨慎，在问询之前，并没有对事情发表任何意见，但他还是认为素洁很可能被绑架了。虽然他十分肯定，素洁并未被扣留在她姑姑的房子里面，即使表面看来她这位亲戚很可能涉嫌这起诱拐。他觉得这个案子很有意思，值得他费心去调查。特别是在过去的两年中，好几位有钱的夫人也在相似的情形下失踪了，后来只找到其中一位。

他于是陪我来到附近的一个小店，让我买一些衣物，以备化装。在他的指导下，我定制了两套中国服装，一套料子普通，是老百姓常穿的；一套是丝绸的，穿上它可以扮作当地绅士。我还买了与衣服相匹配的鞋子。

分手前，他要我做好准备，无论白天黑夜，随叫随到，并准备好冒险；如果形势所需，要准备好保护自己和她的生命。这个案子很危险，因为涉及的钱款数额巨大，绑架者花重金雇用了危险的罪犯。我听从他的劝告，多买了一把连发左轮手枪。我几乎无法想象，素洁在这种人的手中怎么能活下去，也因此寝食难安。

我回到家，一连几天都没有任何消息。第五天的夜里 11 点半，一阵突如其来的、轻微却急促的敲门声打破了宅中的宁静。这声音来自后门，或者说是仆役的门上。我的仆役随即通报："您的朋友，广东来的汤姆先生驾到。"此人表示希望马上见到我。这位深夜里的不速之客使我非常疑惑。我的仆役并不认识汤姆先生，也就是那位侦探阿顺。阿顺没有过多的客套，径直来到我的卧室。他把惊讶和愤怒的仆役关在门外，灿烂的笑容让他红彤彤的脸庞熠熠生辉。

"快点，快点！"他一度忘记了说英语，急着用中文催促我化装成一个苦力，带上两支装上子弹的连发左轮手枪，马上跟他出发。他说他找到了线索，希望当晚能够拯救素洁，抓住罪犯。他还带来了我的中式衣服。

我一把抓住他的胳膊，衷心感谢他为这件事操碎了心。

时不我待。我穿上阿顺带来的寒酸的衣服，他巧妙地用碳棒和他自制的面糊为我化装，彻底改变了我的眉形，再加上一些给人以深刻印象的皱纹和污迹，让我的面部特征乍一看就像一个中国人——脸上的每一寸都像一个生计无着、居无定所的下等人。阿顺看起来也和我一样。

我戴上一顶破旧的圆帽，发辫塞在里面，很紧又凹凸不平。这就算伪装好了，我估计我这副模样连自己的亲娘都认不出来。

"今天晚上要是出点什么意外，可不是我的责任，"他这样严肃地告诫我，而后又坚定地加上几句，"你一定要细心，照我说的去做，不要问这问那。你豁得出去吗？"

听到令他满意的答复，他建议自己从后门出去，我走前门。先到花园西北门的人要等另一个人。我出了房门，从容不迫地踱着中国人惯有的四方步朝前走，避免引起他人的注意。来到约定地点时，阿顺已经到了。

我们现在穿过一个废弃的花园，月光下这个院子显得很迷人。之所以选这条路是要看看是否有人盯梢，并想办法甩掉跟

⊙ 吸鸦片

踪我们的人。我们在花园里最偏僻的地方歇了几分钟，仔细观察了一番，并商定了下一步的行动方案。确定没有人跟踪，我们穿过花园的南门，沿着树影婆娑的外滩河岸走向洋泾浜桥。过了桥，向右急转，走了一段路，在第四个路口向左转。我们进入了上海一个破旧的商业区。

我们很快走进一家二流鸦片馆。昏暗的灯光里，房间两边都是粗糙的木躺椅，上面有一两个抽鸦片的人侧卧着。他们的头放在木头或者陶器做的垫子上，两只手忙着摆弄长笛似的竹烟管，一只手抓住烟管，另一只手用一支钢签时不时地插进一个装着鸦片膏的小牛角盒，鸦片膏像黏稠的棕色蜜糖。

钢签沾上了足够的鸦片膏，就在一个小油灯上旋转着烘烤，烧到够烫时，就放在烟锅里捏成一个豌豆大小的球，然后通过烟枪里的小孔把这个烟弹装进一个连接着烟管的凹陷处。吸烟者含住烟枪嘴发狂地猛吸，烟雾不断从他的嘴和鼻孔中冒出来，然后他又重新开始装烟弹，就这样如此往复，直到他过足瘾。

不少人错误地认为，吸食鸦片后，人会多少变得麻木。事实恰恰相反，鸦片似乎有刺激作用。人疲劳的时候，吸点鸦片能够提神；然而，如果工作了一天，也许刚同一个朋友分手，或者愉快地聊过天，愿意睡一个好觉，放任自己吸食更多一点鸦片，他要是在床上，就会慢慢进入舒适的睡眠中。当然要是大量吸食，超出规定的份额，就会昏昏欲睡，并且睡得很沉，就是德·昆西式①的体验和想象,只有西方的小说家才会熟悉。

阿顺安排我在这里与一个臭名昭著的罪犯会面。阿顺雇了他,目的就是要"以毒攻毒",这是侦探圈里的行规,对此他们深信不疑。我们在一个干净而隐蔽的躺椅上伸开腿脚,放松一下,等待我们的线人。借此机会,我也好奇而小心翼翼地打量着周围的环境,尽量避免引起别人的注意。

一个穷苦力如果想吸鸦片,他会来这种二流鸦片馆,交两三美分(30个铜板),如果他付得起的话,也许会多交点,领一份烟弹和一支烟枪,烟弹通常是放在一个小碗里。吸完后,把小碗和烟枪归还。

鸦片的价格高低迥异,按质论价,每磅从8到18美元不等。中国国产的鸦片牌子不硬,上乘的当属印度的鸦片,最好的是马尔瓦和巴特那产的。

中国的烟客十分挑剔,食不厌精。不过他们抽烟时也有些邋遢,从接下来的描述中读者就可窥见一斑。

烟客们使用的最好的烟枪是一种叫泡泡-沸沸(hubble-bubble)的水烟筒。它用白色的仿银金属做成,饰有金银丝,烟杆上有活动的管子或者小碗,像烟斗碗,大小只能放一个烟球。烟枪做工精细,操作简便,配件齐全,如配有清洁用的小刷子、小塞子、烟盒;烟枪下部盛着水,可以让烟气在被吸食前得到

---

① 1821年,《伦敦杂志》发表了德·昆西的著名作品《一个英国鸦片服用者的自白》(又译《瘾君子自白》)。作者于1804年因治病而服用鸦片,因而成瘾。这部作品以他的亲身体验和想象,生动描写了主人公的心理和潜意识活动。

冷却和净化；烟枪杆上通常装饰着丝绸饰品和挂着珠子的缨穗。扁平的烟锅容积很小，所能容纳的烟弹只够吸两三口的，用过的烟弹从下端被吹出；燃烧了一半的烟弹落在地上，通常会烧个黑洞。你总是能够从布满小黑洞的地板看出那房子曾被中国人租住过——那可是中国式"文雅"的典型特征——是无法与"野蛮"的西方诸国相提并论的。

穷人吸鸦片买不起金属烟枪，就使用普通的竹管或者管状的植物茎秆，不论长短曲直，只要好使就行，也许烟锅下面会挂个刺绣的烟袋和玻璃烟嘴。这些烟枪和其他的一样，都有黄铜做的烟锅，大小只能容下一颗烟弹，需要不断地填充。这样的鸦片吸起来像吸食烧糠产生的烟一样，散发出特别难闻的气味，令人作呕。然而，这种烟枪具有不可否认的优点，比如纤巧轻便，重要的是便宜。这些烟枪同我们平常的烟斗完全不同。

午夜过后不久，一个贼眉鼠眼、穿戴不整的家伙走进房间，看见我们后给阿顺做了个手势，让他一同到里间去。那里烟雾缭绕，乌烟瘴气，简直能把人憋死。他们压低声音谈了足足半个小时，才让我听见他们的谈话。阿顺告诉我，那个年轻的姑娘在那个晚上被麻醉后转送到一个更险恶的地方，那里住着一伙海盗和绑架者。房间戒备森严，通常大门紧闭，门口设有路障。屋里面挤满了这个城市的渣滓，不分昼夜地在这个大本营密谋策划，赌博耍钱。

因此，按照通常的办法是无法进入那个房间的，但我们可以从屋顶的一个活动板门进入小阁楼，那里曾被用作卧室；但是，那里的梯子在晚上总被移开。我们雇用的向导常来此地，

036 | 神秘的花国

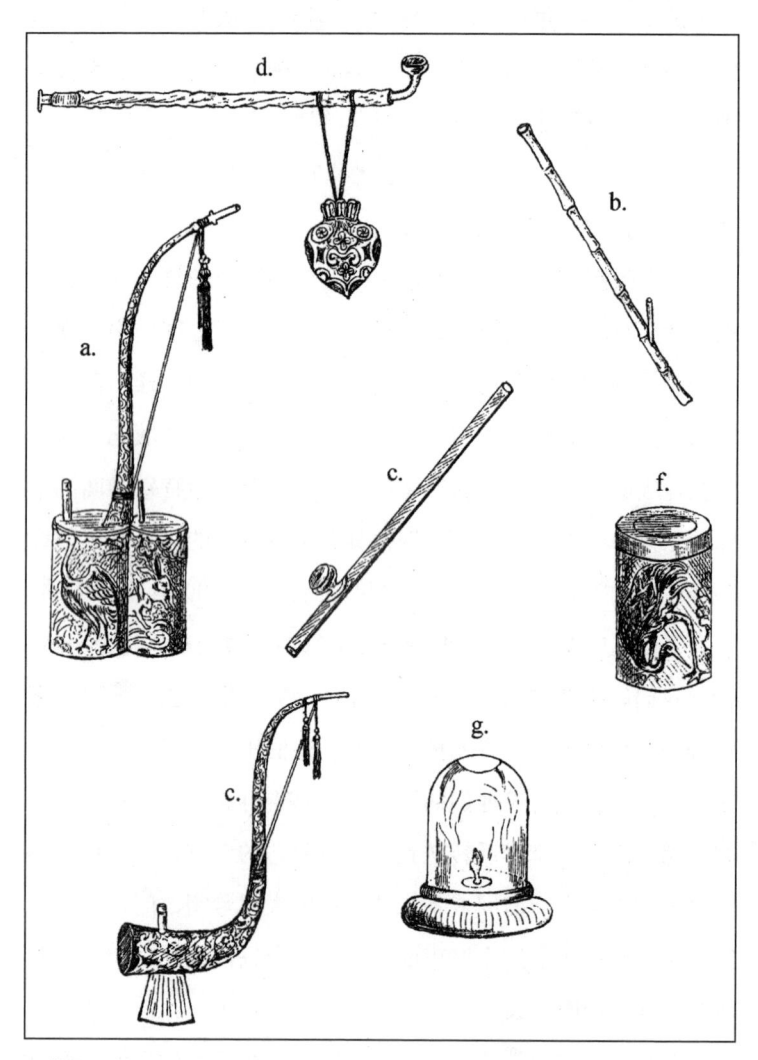

⊙ 烟具

知道从哪里可以搞到救生用的绳索。

这很冒险，但也是我们唯一的营救机会。如果那个女孩是素洁，我们就要找机会把她通过房顶的活动板门救出来。我们中的一个人要拿着上了膛的左轮手枪在一旁警戒。

商定行动计划后，我们离开了鸦片馆，向导走在前面，与我们拉开距离。为了不引人注目，三个人都装作若无其事的样子，漫不经心地在街上溜达。突然，那个苦力在一家小货摊前停下，摊子后面坐着一个神情庄重的巫师。我们也停了下来，而阿顺坚持要请他测一下凶吉再走。老人把三枚古币①放进一个空的乌龟壳②中摇动了几秒钟，嘴里念念有词。然后他把钱币倒在桌子上，三枚硬币的正反面隐喻了占卜结果。他告诉阿顺和向导，他们的运气不错，而对我却什么也没说。如果占卜结果不吉利，我担心他们那天晚上会止步不前。这些人真是太迷信了。我们沿着弯弯曲曲的小巷继续前行。

---

① 据说能起到护身符的作用。有时候系在新生儿的手腕上。新婚的人把不同朝代发行的硬币放在床下以求幸运富裕。——原注

② 使用乌龟壳的习俗显然是源于西藏。一条刻在龟背上的铭文这样描述世界的起源："开始，虚无中为永恒而存在的，叫作乌龟。昔日的、现在的和未来的佛祖来源于乌龟，三个时间的不同世界的生态万灵也来源于乌龟。苍天是乌龟拱形的背，大地是乌龟的胸脯。天地结合，形成乌龟的三个儿子——山、铁和水；三个闺女——风、火和树。"世界上这八大元素被西藏人认为是影响人类命运的根本因素。基于这些元素和这些元素的附属元素，西藏文化建立了自己的预言体系。在乌龟胸脯上铭刻的图形是按照自然的比例缩减，共有 89 间房子侍奉福气和各种虚无的人和动物、吉祥的和不吉祥的东西。"一个踏上征途的人要避免厄运。如果他想摆脱厄运，他应该把祭品扔向不吉利的方向；相反，如果他祈求幸福，他应该把他的贡品朝向摆有吉利东西的方向。"——原注

"八大元素"，原文如此，推断应该是：苍天、大地、山、铁、水、风、火和树。——译注

现在我们的向导放慢脚步，再次停下来，屏住呼吸倾听了一会儿，弯下腰钻进了墙边上的一个圆洞，我们也跟着钻了进去。我们从墙的另外一边出来时一片漆黑。接下来我们听到很轻的拉门闩和开门的声音，最后是一声耳语声"来啦"告诉我们向导的位置。我们摸索着向他靠过去。他划着了火柴，点亮了随身带来的小灯笼。我们进入了一间空房子，在一架很陡的梯子下面，我们脱下鞋子提在手上，小心地向上爬，很快就爬到头，推开活动门，上了房顶。

向导告诉我们待着别动，别站起来，也别出声，直到他摸清情况。他把我们丢在一堆油腻的烟囱中间焦急地等待消息，自己手脚并用向前爬去。夜空中星光闪烁，幸好月亮还没有升起来。

我们有些心神不宁，但没等多久，他就像猫一样悄没声地爬回来了，显然他的职业要求使他对此很擅长。据他侦查，阁楼卧室里的人已经睡着了，救援用的绳子也放好了。屋里共有4个女人，两个男人，他们都带着武器。

营救的前景令人鼓舞。然而，那些沉睡的人随时会醒过来，那些赌徒也许会散了赌局回来睡觉，总之夜长梦多，我们要抓紧时间行动。于是，我们一个一个匍匐前行，不时地屏住呼吸，因为我们中有人会不慎碰落瓦片。但是沉着的阿顺却能在这种吓人的小意外中自得其乐，他的脸上常常挂着开心的笑容，魁梧的身体因为憋着笑不时颤动着。我们看上去肯定很狼狈，真希望这一切赶快结束。

我们很快来到活动门附近，这里可以闻到鸦片的气味，还能听见呼噜声。绳索已经准备好了，向导示意我跟着他。我于是抓住绳索滑了下去，留阿顺在上面望风。我们到了漆黑一片的地方，立刻被污浊的空气所包围。

我们什么也看不见，也不敢弄出光亮，但是向导却本能地知道在哪里落脚。他把我的手搭在他的肩膀上，让我的脚趾抵住他的后脚跟。他让我弓起身子像一个罗锅那样，爬出吱吱嘎嘎的阁楼，走进一个狭窄的灯光昏暗的通道，通道的墙上挂着各式武器，随时可以拿下来使用。向导推开一个活动木板，跌跌撞撞地通过一个狭小的密室，前面是一个秘密通道——耗子洞，我们沿着这个通道手脚并用一直爬到出口，才直起身子，借助点燃的火柴，看见前面有一架向下的木楼梯。

向导从这个梯子下到地面停了下来，从一个三便士硬币大小的圆孔向里面窥视了几分钟，慢慢地打开一扇窄门。这扇门伪装得很好，很难被发现[①]。

我们进了一间有灯光的房间，屋里躺着一位年轻漂亮的苏州美女，倚着破旧的睡椅，已经失去了知觉。她的丝绸衣服被撕破弄脏了，很显然是在被押到这里时经过了一番厮打。

虽然我为我面前的可怜尤物痛心，但几乎要气疯了，而且非常失望，因为这并不是素洁，而是一个与她长相十分相似的女人。

在这位被俘美女的边上是两个老巫婆，她们边抽烟边赌博。我们一进屋，她们中的一个立刻冲出去发警报。我们的向导是第一个发现的，当房间里响起凄厉的警报声，他把我拽回活动门里。

[①] 自那以后我去过很多次赌场——特别是在香港——这些房子的主人设计了各种活板门、嵌入门、秘道以及阁楼，以躲避警方的搜捕。——原注

⊙ 讨价还价

"快呀！快呀！"他焦急地喊着，关上活动门，爬上梯子，沿来时的路返回。我紧随其后，知道如果被抓住就必死无疑。

我们到了阁楼之后，听见梯子下面的脚步声和叫喊声，他们想追赶我们。

向导临危不惧，快速跳过床榻，他放好通向房顶的梯子。我紧随其后，不小心踩了一个人的手，显然是个女人，她大叫起来，吵醒了其他人。

我们爬上房顶后，阿顺正拿着手枪在那里等候。他考虑很周到，为了争取时间，把绳子和梯子都拽了上来，断了追兵的路。

我们不能原路返回，因为那样就要经过我们刚刚离开的烟馆。我们跟着向导沿着房顶向相反的方向爬行。爬了一段时间，我们在林立的烟囱中间调转方向，不得不跳过一条6英尺宽的空隙到达另一栋房子顶部的排水沟里。就这样，从房顶到房顶，跟着机灵的向导向前跑，最后顺着排水管溜下地面。我们甩掉了追赶的人，到了一个比较安全体面的社区，完成了我们不走运的冒险历程。这个历程几乎以失败告终。

尽管如此，我还是很高兴地告诉大家，两夜后，那个年轻女子被绑匪从囚禁的房屋再次转移，阿顺和他的两个同伴勇敢地将她救了出来，送回到她丈夫身边。她是这位小官吏的第二个太太，住在数英里以外的农村。这位官吏因此重赏了救她的人。

第六章　苏州城

没有能够再见到素洁使我非常失望，我最终放弃了寻找。即使是阿顺这样的业界精英，也不得不承认，他对阴险狡猾的绑架者束手无策。

三周过去了，毫无音讯，直到一天晚上，我正在家里的客厅窗边阅读，楼下有人把一小截竹管从开着的窗户扔了进来，正好落在我身边的小桌上。我向窗外张望了一下却没看到任何人。我打开竹管，发现里面藏着一张中文字条。

看得出，这是素洁匆忙中写在一张很粗糙的纸上的：

"救救我，我都急死了。他们把我用船运往苏州——我们快要到了。他们倒不坏，但如果你收到这封信，一定要想办法救我。"

我当然要想办法了。时不我待。写了几封公函后，我驱车前往阿顺家。这次他外出了。

我回到家中，吩咐我的年轻而聪明的仆役阿为立刻准备陪我去苏州城，让他赶紧去购买一些东西，租用一条当地的轻便快捷的乌篷船。

我自己收拾了行李，在收到信一个小时后就上了船。这条船日租费3美元，另付1美元给船工。

第六章 苏州城

苏州之旅的细节可能会令读者感到无趣，简单介绍一下我们沿着河道进入苏州的情况应该就足够了。由于退潮风小，我们直到次日上午 11 点才走过 19 英里的路程到达黄渡（Wangdu）。这一天，我们多少还赶了些路，有时候在航行，更多的时间是要扶篙撑船，当天晚上我们经过了太仓。

我们的船在航行中遭到碎砖和瓦片的袭击，显示出这一带的老百姓多少有些排外情绪，不作停留是谨慎的做法。借着夜间的徐徐微风，我们火速前进。风直到凌晨才减弱。傍晚，我们抵达昆山，这里距离上海 54 英里。

余下的 21 英里——看上去相当漫长——我们的船进入了一个宽阔而笔直的运河。启程后的第三个晚上，我们看到了由护城河围绕的高达 30 英尺高的城墙，它围绕着这座名声在外、繁华的江苏省会城市①。它是东方的丝绸大都会，始建于孔子的时代，比耶稣基督时代还早 500 年，大约是耶路撒冷第二圣殿时期。

苏州城位于大运河畔，是古代中国的水上快速通道。它在上海以西 80 英里，位于杭州湾和有着"大海之子"之称的浩瀚的扬子江之间。大运河在苏州城北 40 英里处汇入扬子江。苏州城共有六个门，北边的是齐门，南边的是盘门，东边的是娄门和葑门，西边的是阊门和胥门。阊门和胥门面对着陡峭的西山。

苏州以西是太湖，太湖的意思就是大湖，是众所周知的内海，它大约 5 英里宽，30 英里长。几个多山的小岛风景如画，

---

① 当年苏州城被太平天国起义军占领时，乔治·戈登的部队在前往苏州城的路上曾在此驻扎。——原注

044 | 神秘的花国

⊙ 浪漫庭园

点缀在太湖中央，上面布满奇花异卉和各种果树，如柑橘、柠檬、桃、梨、李子、石榴、枇杷和杨梅。这些迷人的岛屿上还出产上等丝绸。

在中国的 18 个省份中，苏州被赞誉为人间天堂——所谓"上有天堂，下有苏杭"。中国人的最大心愿就是能够在美丽的苏州养老送终。这里一年中的大部分时间鲜花盛开，天朝的娇媚女子迈着她们典雅的"三寸金莲"①过着奢华的日子，乘坐镀金的游船——上面有缎面长沙发和粗天鹅绒垫子——去太湖中天堂般的小岛上逍遥一番。

苏州城内，最壮观的建筑要数四座宝塔，其中三座都已经倒塌，唯一遗留下的一座珍贵的龙门塔②，十分恢宏。塔高九层，高约 200 英尺，斗拱飞檐。游客通过宽阔的螺旋楼梯可以到达塔的顶层，凭栏远眺，美不胜收，著名的虎丘山和著名的苏州园林一览无遗。

2000 多年前，苏州时为吴国首都。旅行者来到这个古老的城市，踏上的也是与今天相同的鹅卵石路面，时而驻足观赏，时而唏嘘赞叹。富丽堂皇的宫殿顶上盖满了陈年苔藓和藤蔓，美轮美奂，古朴肃穆。

苏州城墙分内城墙和外城墙，内城墙高 35 英尺，城墙上有瞭望台和炮台。城墙很宽，可以用作步行。寂静的夜晚，城墙上更夫用竹板或鼓报平安的声音构成一幅和谐的画面。

---

① 金莲是一个充满诗意的名字，形容中国女人裹着的小脚。我相信曾有一位资深学者错误地把它们叫作荷花（water lilies）。——原注

② 原文如此，但苏州并无叫"龙门"的塔。

绿树如茵的宽敞街道四通八达，大部分被商家的店铺和摊位、鱼缸、蔬菜筐和其他货物挤占。苏州的房子白墙黛瓦，高大宽敞，极具特色。庭院的柱子，用瓦管排水的院子，办公场所和旅店的特点更为突出。商店门口挂有装饰讲究的招牌，大多数都镀了金，装饰得很漂亮，映衬得街景如画。商店里从早到晚挤满了人，妇女、官员、学生、商人、轿夫、苦力，大多来去匆匆，只有富人迈着四方步，优哉游哉。

但是，如果在拥挤的人群中，有人看到地上有一张纸片，尽管对纸上的内容不感兴趣，纸很脏或者撕破了，他也会捡起来丢进垃圾桶。中国的所有街道都有垃圾桶，定期有人清理，烧毁。人们会认真地把灰烬收拾好，封藏在陶罐里，或藏于河床深处或葬于墓穴。因为中国人坚信，荣誉、名誉、财富和长寿都可以通过对书写和有字纸张的尊重来获得。

宽阔的河床用鹅卵石铺成的运河在苏州城里纵横交错，四通八达。一座座巧夺天工的石拱桥飞架其上。河上各种舢板船只穿梭往来。达官贵人、商贾富豪和各种货物通过这密布的黄金水道往来国内各地。这个中国的圣城，威尼斯式的巴黎，人杰地灵，众多政治家、诗人、历史学家出生于此。在这里，清高的学者遍布考场，文人雅士云集书院，诗人造访名胜古迹，吟诗作赋，更令这些名胜得以流芳百世。

我对在这座著名的古城里的所见所闻印象深刻，它给我留下永不磨灭的记忆。这种回忆虽然愉悦却无疑也蕴含着悲伤。因为，尽管我无法找到素洁，但是在我身后这座写满岁月沧桑的昏暗城墙里留下的，是我在东方游历的日子里，一个最好、最漂亮的朋友。

遥不可及的永恒之后
隐蔽着往昔的神圣宝藏

但是，日子还要过，路还要走。连同那些对逝去的名人、王族、诗人，还有故人旧地的浪漫回忆，素洁永远地留在了最美的诗句里，融入了先辈的荣耀中。光宗耀祖在素洁传统的观念里，还有中国人延续多年的传统中，都是至关重要的。

告别了这座古老的城市，我冒昧地在下一篇里介绍中国人的奇特的传统。我将尽量忠实地描述中国人生活中某些最奇特的方面，特别是这个神秘帝国的士大夫阶层，尤其是书生文人所采用的那种极其恭顺而又含蓄的问答方式。

第七章　命运印鉴 [①]

（一）

一个夏日的夜晚，
宋城关闭了城门。
驮骡的铃声渐行渐远，
喧闹的大街恢复了平静。
满载东方货物的大车停了，
驭手在路边打尖。
围坐一圈，席地畅聊；
海阔天空，无所不包。
听着歌儿还有各种故事，
补偿一路的辛劳。

一个因神算而著名的古人，
走出自己的陋室。
沿着大街前行，

[①] 这首诗来源于中国唐代的一个古老传说。第二部分的开篇暗示我在访问中国南方厦门附近的一个美丽而幽静的地方。——原注

在他一贯的地方坐下，
测量月亮升起的高度。
月亮对他而言，
似乎是天上的君主
——主宰未来的世界。
预言将到的事故——
泄露许多仙机给他这位老奴。
而他受此启发，
久久地坐在那里，
默默记下脑海里闪过的故事。
直到月亮渐渐消失，
留下他形单影只。

韦固（Uko）年轻而英俊，
见多识广而聪明机灵。
作客宋城叔叔家，
晚来外出游逛，
听百里他乡来的旅人，
讲述各种各样的奇闻。
在一座庙宇附近，
他看见那位老人，
坐在台阶上借月翻书，
一会儿沉思，一会儿记录。
天下的年轻人都一样好奇，

韦固很想知道，
这位老人为何在此，
读的是什么，写的是什么，
为什么不找一个像样的书房。
所以他走上前去询问：
"打扰了，老爷爷。
看到您在如此昏暗的光线下
孜孜不倦地学习，
我——年幼无知——可否请教
您从这夜读中
得到了什么样的快乐或收获？
您把昏暗的月光当作油灯，
而那不幸的月亮，
很多年前就燃尽了，
就像这个地球，
现在完全没有光亮。
为了得到惨淡的冷光，
它裸露出自己的肌肤和耻辱，
转动着朝向那火红而炽热的星球。
而它引诱天真的星星投怀送抱，
好借机汲取它们所剩无多的热情。"

老人从沉思中醒来，
听着这个不速之客的问题，

并没有马上作答。
沉吟再三,他缓缓抬起布满皱纹的头,
看着韦固,如是答道:
"孩子,你注意到了
大多数人没有注意到的,
而陌生人一般也不感兴趣的事情。
我欣赏你的好奇心,
要让你分享意想不到的祝福,
也让你知道命运的不可抗拒,
还有遗憾——因为你太过于好奇,
我就显示一下我的独门秘技。
到这个远近闻名的商城来的游客,
少有驻足问我所得的是什么乐趣,
而这又是未得星相学真髓者所不知的。

"告诉你我正在读的是什么书吧——
你知道它的价值就会肃然起敬。
这是一本婚姻之簿,
关乎普天之下的芸芸苍生。
他们的婚姻大事由我设计编排,
不管沧海桑田,星移斗转,
都会在设定的时间实现。
我的口袋里有一卷红线,
我用来拴住那些命定的姻缘。

男女双双一旦被拴,
即使家庭反对、国际战乱,
无论生死——任何人力
都不能够改变——
他们的归宿已打上了命运的印鉴。
我的孩子,北门边上有家铺子,
有个老太在卖新鲜草药给贫苦百姓。
她有一个婴儿,
以后会成为你温柔而忠诚的妻子。
去看望那个女子并好好对她,
虽然她很贫穷,
怀抱的却是你的宝贝。
那个女孩会长成她应当成为的佳人,
所以不要试图改变她的处境。
生于清贫不是坏事,
时机一到上天会让她绽放女性的魅力,
让你欣赏其无价的贞淑。"

韦固听完自己的今世姻缘,
转身回家默默无言。
这奇怪的预言令人困惑,
似乎预示他未来贫困而不体面。
转念一想,命运为什么不能改变,
非得娶个妻子如此低贱?

闷闷不乐，第二天
他去看那个女人和婴儿。
一见之下更不忿，
"那个老糊涂凭什么给我定下这样的命运：
一个卖烂草药的老妪，
在脏兮兮、乱哄哄的地方，
抚养一个肮脏的孩子，
将来给我做新娘子！
我诅咒这样的命运安排，
情愿上刀山、下火海，
也不愿成为它的牺牲品！"

最后，出于绝望和愤恨，
他决心挫败这个计划。
只要雇人去杀了那个粗俗的孩子，
他的烦恼就会随之消失。
他经过一条狭窄的街道，
一个瘦弱的麻风病人乞求帮助。
此人也沉浸在痛苦之中，
只不过不是饥饿的折磨，
而是一生的孤军奋战，
在漫漫岁月中无所依靠，
直至死亡方能解脱。
韦固战战兢兢地慢慢问道：

"重赏之下,你敢不敢去杀一个人?
根据预言,此人长大会让家庭蒙羞,
让她痛苦的丈夫被巫术诱骗结婚。"

"我愿意,"麻风病人回答,
"愿意做任何事情使自己不再受穷!
我还在乎什么命运,
它让我贫病交加,生死都无处栖身。"

"那就去吧!"韦固指着那个地方,
"今晚把那个坐在老妇膝盖上的孩子干掉,
我会给你一千大钱。
要做得干净,又不要太过残忍;
干完了就来领你的赏金。"

在他们相遇那天的静夜里,
韦固听到了那个孩子的最后一次呼声。
做贼心虚,他远走他乡——
一个丢脸的人,一个罪犯,
再也无颜重回他造过孽的古城。

(二)

微风阵阵,不断摆动的树叶窸窸索索。
树荫下,一座安静的院落,

俯瞰着门前黄色台阶下的溪流。
一条光滑的鹅卵小径,
穿过庭院,通向一间大堂,
里面一座座神态庄严的耆老塑像
——是中国人供奉的祖宗,
端坐在昏暗的光线之中。
烛光摇曳,檀香缭绕,
使这个处所静寂而圣洁。

右厢一间小屋挂着门帘,
屋里墙上有壁画、版画和挂毯。
阳光穿窗而入,
映出了窗户纸① 上奇特的花纹,
在镶嵌地板上投下五颜六色的影像。
盘旋而上的巨龙从梁上俯视着,
底下大理石桌边坐着一个老人。
他衣着朴素而家常,
长长的白须显示出他的年长,
已从劳累的生涯退隐到安静的休养。
他面容清癯,双颊瘦长,
两眼炯炯,反射着岁月的光芒。
安静的地方和安详的老者,

---

① 即使今天,油纸也广泛地在中国使用,以替代玻璃。——原注

相得益彰。

左厢一个雕花的木门里,
是一间干净的卧房。
三扇花格窗棂树影掩映。
窗外花儿朵朵,随风飘香。
树丛里,水池旁,
温柔的声音在暗中歌唱,
那是这个世界的天使般的音响。

屋里有个年轻漂亮的姑娘——
周身焕发着青春的光芒。
她的端庄娴淑,
天下男子人见人爱,仰慕崇拜——
沐浴着家中温暖的阳光。

她的养父,一个县官,
为了她生活舒适,竭尽所能。
为了回报他的关爱和心愿,
她立下巾帼之志,潜心学习。
她对生活的热爱,
令每一天都是那么美好。

一天,老人招呼她,说道——

"芦华（luh-hwa），你和你的未来
我想了很多，也想了很长时间。
你知道，我一直细心地呵护着你，
从你的童年，直到现在。
我深知你会报答我对你的挚爱。

"上天赐予我们富贵，
我的孩子，你又优雅而谦虚。
你是世上的珍宝，生命的杰作。
我将以生父般的自豪、忠实和无私，
把你交给一个正直的人，
未来的生活由他陪伴你度过。
而到那时，我将与我的祖先一起长眠于西山。
我既遗憾又高兴，
安排了你和我朋友的儿子成婚。
我对他抱有信心，
因为我一直注意他的举止言行。
韦固是一个忠诚之士，
阅历丰富，了解时事。
婚姻之初情义急切，
天长日久品行才更实在。
我很高兴做了决定，
也请教了所有的智者。
卜师排过天干地支，

选中了你成婚的黄道吉日。
谷雨之后十六天是夏至，
你就要见到你的郎君。
我衷心祝愿，你会宜其家室。"

于是韦固与芦华成婚。
他发现她善良贤淑，慧外秀中。
但有奇事一件，
新娘的额上总是戴着花钿。
韦固多次相询，
她总是闪烁其词，
谨守着这个头饰的秘密。

最终她说出了实情。
她羞涩地依偎在丈夫的身旁，
将头靠上他的臂膀，
温柔地注视，婉婉地说道：
"请原谅我，韦固，
你对我柔情似水，
我仍然没有向你坦露
会破坏我美丽的秘密。
现在，你看，
它遮挡了一块给我童年投下阴影的伤疤。
但现在信任是最重要的，

天赐良缘，我们成为夫妻。

我本官宦之女，
家父为朝廷驻宋城的高官。
我出生的时候，母亲就去世了。
14年前，我还是个小姑娘，

父亲总是忙于公事，
有个敬业的奶妈经常来照顾我。
奶妈人穷，却很善良，
常带我去她在北门边的商店。
一天晚上在室外，我坐在她的膝上，
一个暴徒袭击了我，
看，留下这块伤疤在额上。
两岁时父亲去世，
我被他的兄弟领养。
他把我带到一个快乐的家庭，
我就一直在苏州生长，
我也因此被称为大家闺秀。"

韦固听了妻子的故事呆立良久，
然后高兴地大喊着把她拥抱，
声情并茂地说道：
"我的爱人！感谢上天！

这个疤痕传递着一个命运的信息，
命中注定我要为我制造的这个疤痕悔恨终生。
因为是我希望你死，
神奇的巫术已经预测到这桩婚姻。
但是你年轻的脸，
历经生活的沧桑，
你的父母似乎都无法预测
你的美貌和品性；
那个地方的风水实在不好，
老百姓也很粗俗，
我，因为恐惧命运，
想违背已经实现的天命。
乌云密布，臆想的恐怖来临，
我决定从地球上消除
在我通向美好幸福的路上，
上天安排的迅速集聚的耻辱，
便雇了一个恶棍来除掉你。
但是，感谢上苍，这一点并未实现！
芦花，让我们忘记过去。
因为事实证明，
那是命运的印鉴——一生守护着我们的爱情
——直到永远。"

第八章　总税务司和中国海关

罗伯特·赫德爵士（现在是勋爵）是大清皇家海关著名的总税务司。通过他卓越的经营管理，大清海关成为世界上管理良好、繁荣发展的商业机构之一。

在深入介绍这位亲切仁慈的大亨之前，我先讲讲大清海关这个庞大机构的组织、经营和任命事宜。

在中国每一个通商口岸，海关的业务人员包括内勤（indoor）人员和外勤（outdoor）[①]人员。内勤包括一位文案税务司（Secretary），几位副手（Assistants，又分一级、二级和三级，以及甲等和乙等）和文员（包括分级的和未分级的），他们都受副税务司（Deputy Commissioner）的直接监督。外勤人员包括总巡（Tide Surveyors，1927年后称监察长，又分头等和副巡——译注）、监察员（boat Officers）、验货员（Examiners，分头等和助理，chief and assistant）、钤字手（Tidewaiters，1927年后称稽察员，又分一级、二级和三级——译注）和巡役（Watchers），他们都受头等总巡或是理船厅（Harbour Master，1928年后称港务长——译注）的领导，通常是此二职由一人兼

[①] 当时华人以内班、外班称呼两个部门。

任,要看港口工作人员的数量多少,而后者又是与港口规模大小成正比的。这两个部门都受税务司或代理税务司的管理和控制,而他是直接为港口的经营管理向总税务司负责的。此外,他还受命负责本区税收漕船的管理,管理灯塔部门的技师和工人。所有与总税务司的联系——报表、报告、公函、私信——在送往海关总署前,都必须得到他的认可和签字。

在中国,罗伯特·赫德爵士是最位高权重的外国人。虽然他大名鼎鼎,却深居简出,即使为他工作的人亦对他不甚了解。毫无疑问,很多人都希望更多了解他,我觉得最好的办法就是引用同为作家协会会员的恒利·诺曼先生的一篇有趣的文章来介绍他,这篇文章 1888 年 11 月 30 日由北京发出,刊登在《香港孖剌西报》上:

> 罗伯特·赫德爵士是 1858 年离开领事部前往海关任职的,而那个时候海关还徒有虚名。1863 年,赫德爵士成为总税务司。在职的 30 年间,他回过两次家,一次待了 12 个月,一次待了 6 个月。也就是说,他的一生中所休的假期,比他的下属每 5 年得到的假期还要短。每年夏天,在北京的外国人都到西山避暑,那里离京城只有几英里,但他从来没有去过,甚至没有去过离京城只有两天路程的长城。但是下一个春天,他说,他肯定要回家。我把这话告诉海关的人,他们却说,"别当真。过去 10 年,他每年都说春天要回家的。"至于他对中国、英国和世界做出的贡献,欧洲的政治家对此了如指掌,如果要给人讲的话,那丰富的程度都能够写成一本书了。除了创建大清海关

为他建立了不朽的声名外，他最近的一个贡献是缔结了《中法和约》。当时，中法之间所有的谈判都失败了，事态非常严峻、令人沮丧。于是，像往常一样，总理衙门的大臣找到爵士。爵士同意接手，但有两个先决条件——一是自由处置权，二是无论成败，事前都要绝对保密。谈判重启，密码电报在他的北京"密室"和奥赛码头①之间频繁往来。谈判非常艰难，延续数月。最后，在花费了8万两银子的电报费后，终于有了结果，在巴黎签署了协议。爵士心里的一块石头落了地，坐轿子前往总理衙门与大臣们坐下喝茶。他以典型的东方式外交辞令，漫不经心地说："你们把与法国谈判的事情交给我，到今天正好是9个月了。"一位大臣立刻欢呼道，"十月怀胎，一朝分娩啦！"这桩谈判的最滑稽之处在于，整个谈判期间，法国的一名特使就住在天津，他对自己无法推动谈判耿耿于怀，而对就在眼皮底下正在进行的磋商竟然一无所知。直到他收到法国的通知说他可以回国了，他才如梦方醒。他非常愤怒，下决心再也不和赫德爵士说话了。

发出了有关中法磋商的最后一份电报后，赫德爵士出席了刚刚去世的英国公使巴夏礼爵士（Sir Harry Parkes）的葬礼。他一进入使馆的礼堂，就收到一份电报。打开一看，原来是格兰维尔勋爵②的急件，邀请他出任英国驻华公使。他踌躇再三，接受了这个邀请。1883年5月3日，他收到了女王签署的任命书。他要求在安排海关总税务司的继任者之事没有结果之

---

① 指法国外交部。
② Lord Granville，英国殖民地部大臣。

前，不要在英国国内公布这一任命。在此期间，英国的一届保守政府上台，外交部不断地发电报问："我们还不能公开这个任命吗？"而这个时候，赫德爵士认识到，他的离开会使海关的工作一蹶不振，这对于他比世上的任何荣誉都要重要。于是他发电报问："我必须接受任命吗？"沙里斯伯利勋爵[①]的回答非常大度，说他认为怎样最恰当就怎么办。赫德爵士最后拒绝了这一任命，他的正式答复言辞真切但或许并没有给出完整的解释，只是说慈禧太后愿意他留在海关。

我说过欧洲各国政治家都十分了解赫德爵士的贡献，给予他的殊荣便是很好的证明。在英国，保守党政府授予他从男爵勋章，自由党政府追加他为二等男勋爵士（K.C.M.G.）[②]；瑞典授予他古斯塔夫骑士勋章；比利时授予他莱奥波德国王勋章；法国授予他荣誉军团勋章；意大利授予他意大利皇家高级军官荣誉军衔；奥地利授予他佛朗西斯·约瑟夫大十字勋章；美国授予他数枚合众国勋章；葡萄牙授予他圣殿骑士勋章；中国皇帝授予他双龙勋章和孔雀花翎。他的出生地贝尔法斯特的橙派朋友无疑会非常感兴趣和高兴地得知，他是教皇庇护九世荣誉勋章的获得者，这是来自教皇的礼物，并不比教皇盖章的敕封逊色。至于他所掌握的中国的知识和对中国人了解之深，世上无人能与之匹敌。我在有幸成为他的客人的两周中了解的一些

---

① Lord Salisbury，时任英国外交大臣。
② 由于已经有了 G.C.M.G.，一等勋爵士在名字后可加上勋章缩写"GCMG"，二等男勋爵士和女勋爵士则可分别加上缩写"KCMG"和"DCMG"，三等勋爵士则一概使用缩写"CMG"。——原注

"天朝"内部的知识,比我平时普通生活中所能够得到的全部知识还要多得多。

一位女士告诉我:"'总税务司'的身份和爵士本身的性格不符。有一次,我去拜访他,被带进他的办公室。我看见了他严厉的表情,太可怕了。我遮住了脸,跑开了。"爵士也承认了这种区别。他并非双重人格,但肯定是个诗人和牧师。在他不同时代写的诗中,我看到了承认这种事实的这样一首诗,从形式到内容都类似诗人海涅的风格。这首诗名为"两颗心",讲述了一颗心是如何严肃和沉稳,然而

另外一颗心犹如月季,
它反复绽放,芬芳绚烂;
人们未曾注意,它就开而复凋,
开放,凋谢——两者一样完美!

赫德能有这么多成就的秘密在于他对制度的崇拜,这对一名爱尔兰人来说尤其不同寻常。在这一点上,他极其乐意给予年轻人忠告,与自己的客人也是开门见山。他说,"你按电铃,只需按一次,并且按住后数到三,早茶就应当送到;你是否12点准时吃午饭?如果不行,我肯定会在12点准时吃,你可以在你想要的任何时间定你的午饭;我3点到5点骑马,如果你也想,任何时候都会有一匹坐骑伺候;晚饭准时在7点半,而且必须请你原谅,我总是在11点就寝。"

这样的结果是,赫德爵士的家务按部就班,井井有条,访

⊙ 清朝官吏

客一开始就感觉宾至如归。

然而，相比之下，还有更绝的。餐厅里有把大柳条椅，上边总是盖一条垫子，这样别人就无法坐了。30年来，主人每天坐在这里喝下午茶。架子上面有一个青花大瓷杯。他用这个杯子喝茶，也是30年。他的仆人，也很准时，每天都在椅子边伺候茶点。

他充分利用这点闲暇时间在过去一两年内读完了卢坎的《内战记》(Lucan's Pharsalia, 罗马史诗)。当然，他自从会写字就开始记日记。

为了测试他的守时性，我特意做了一个试验，站在门后手里拿着表，等到了12点或者7点半，我从自己的房间走进中厅。当然，对面的门也准时打开，主人走了出来。这就像观测金星划过天空或是等待耶稣的使徒在斯特拉斯堡的中午出现那样准时。

到现在为止，我发现我还没有描述赫德爵士的长相。他中等身材，略瘦，秃顶；慈祥，深思熟虑，幽默；声音浑厚低沉，害羞，谨小慎微。他是一个令人愉快的朋友，能创造出轻松的氛围，总有讲不完的故事，喜欢自己的孩子，能拉小提琴和中提琴。对自己的客人，不仅安排得细致入微，而且招待得殷勤周到。

赫德爵士对陌生人客气而冷淡，甚至令人不快。他高兴时也只是浅浅一笑，很少开怀大笑。他不善言谈，但乐于倾听并深深思考。事实上，他是热心肠的典型的爱尔兰人。他被最高的权力机构承认,这个权力机构是最好的行政体制样板——一个君主不是靠权势而是靠深厚的知识功底和个性来统治的。

我发现,在早报社上夜班很伤身体,尤其是在热带地区。在一些朋友的帮助下,我在皇家海关谋到了一份差事。根据我将近6年的个人经验,我可以安心并毫不犹豫地说——总理衙门也如此认为——没有人比他更能胜任"总税务司"这样一个责任重大、头绪繁多的工作,或者同样困难的类似工作。

我一直对总税务司的公正抱有绝对的信心,尽管我有时会要求他对我网开一面,但我的信任却没有因此而改变。

在大清海关的所有事务中我唯一不同意的一件事是"秘密报告"(Confidential Reports,华文档案中称"年终考绩报告")。它由税务司或是头等总巡定期完成,涉及他们属下的外勤人员的工作和能力。这些人看不到这份报告,在大多数情况下甚至不知道有这么一份秘密文件。正如我们所知,美德和诚实并不总是有回报的;同样,最好的、最恪守职责的人也并不总能得到令人信任的岗位。我不止一次地观察到,表现优秀而又谦逊的人工作积极向上,但常常遭到蔑视,被"非常好的人"甩在后面,而这些人堂而皇之地去"跑官"。一旦得到了那个位置,他就会变成一个专横跋扈的人!

这些"秘密报告"曾经是也将继续是海关工作中麻烦和不满情绪的根源。这种制度使得一些有恶意的人占据了一些重要的职位,并使得他们可以免除处罚并怀有敌意地评论下属。在这些报告中,他们可以在很大程度上诽谤下属的品质,简而言之,就是断送他们的前程。而作为这些阴谋的牺牲品,被诽谤的人因为不了解情况，无法洗刷自己。他们即使工作很努力，也得不到晋升机会。没有人会为他们补偿；他们无权无势，在官场里没有根基，只能与无形的敌人斗法。他们的官运会每况愈下，被写"秘密报告"的、看不见的黑手所摧残。我们把自己的情感和推理放在一边，应该请上帝告诉写秘密报告的人，要他认真对待这件严肃的事情；作为回报，他的良心会帮助他。我强调，这些报告是对海关服务的亵渎，也是海关服务的耻辱，出自善意的预防措施常常被误用，被赋予的信任没有得到应有的尊重；这个过于强大的权力工具不应被交付给任何人，除非是放在那位最可靠最受信赖的管理者赫德爵士手中。很多人付出了代价才明白了这个道理。

写下上述文字只是为了完成我的承诺，并重申许多值得尊重的海关工作人员或是公开或是私下提出过的主张。我几年前最后一次经过厦门，海关人员举办了一个告别宴会，我被要求向主管人员汇报有关秘密报告的事。我已经借此机会做了这件事，相信这也许是带来改变的机会。

海关里的许多人责备他们在北京的恩人。但是正如我反复强调的，他的心灵是如此高贵，以至于他不会怀疑别人用卑鄙手段利用了他的预防措施。他坚守岗位，从不擅离职守。他指引这艘巨型商船，通过时而风平浪静、时而暴风骤雨的大海，这艘强大的商船和船员的命运与他息息相关。如同我查实的那样，那些税务司和写秘密报告的人才是应该被谴责的。在众多受雇于海关这个巨大而重要的管理机构的外国人中，很少有人知道或听说过，有一位如此勤勉地关注着工作进展和员工福利的"仁慈的君主",实现了一种难以超越的卓著的行政管理模式并以此逐渐影响整个中国。

赫德爵士是位值得尊敬的人——他为人相当公正。虽然作为总税务司他严厉而固执,但是不论心性还是行为,对许多人来说他都是他们的恩人。

第九章　中国新年

一年之中，从10月到次年3月是上海最舒适的季节。在整个秋季、冬季还有早春时节，都是东北风不断。12月和1月是降雪季节，这时住在上海的外国人偶尔可以滑滑冰。

快到年底了，仆役们变得比平时更加殷勤和用心，因为新年就要到了。他们热切地期待着能够得到红包和几周的假期——如果有可能的话，他们得到的还会更多——因为你会在苛刻的合同条款内尽可能地满足他们的要求。

在中国的社会和政治生活中，最大的事件和最吉祥的时候当算新年了。这时候，所有的债都还清了，所有的账户都"平"了，这个庞大帝国千头万绪的事情，都要重新开始。新年伊始，万象更新。新年之前的各种庆典，即使是皇室的诞辰纪念、大婚，这种最重要的事件都变得不重要了。

中国新年是最重要的节日，在这个所谓的"天朝帝国"或"玄华夏"，上到皇帝，下到苦力，都盼望着一个月的休假，从劳心劳力的工作中解脱出来。数不清的、长时间的锣鼓喧闹声、鞭炮声、可怕的和离奇的噪声，让节日更加热闹。这些声音对欢度节日的中国人来说十分亲切，他们的心脏能够承受非凡的

⊙ 吃饭

喧闹，他们的耳朵也能够忍受刺耳的噪声。无尽的狂欢，没完没了的酒席强化了节日的喜庆气氛。人逢喜事精神爽，百姓的债还清了，地主该收的租子也收回来了，要操心的事情暂时放在一边。普通百姓无债一身轻，事事都吉祥。

所有的公务都被搁置。所有的商家、洋行、店铺、货摊在新年前要关张9到10天。道台①把大印封盒仔细地收藏好，委托给自己的夫人照看。在节日期间，严格禁止盖印，杜绝任何公文往来、停止审判、停止处罚罪犯。就像老百姓一样，他推开一切事物，只等着过年了。

过年最重要的事情是感谢和劝解，还要为负责全家命运的、权力很大的灶王爷送行。它每年都要去天国游历，递交一个有关他惠民情况的汇报。按照风俗，家里迷信的成员要准备和摆放十分诱人但很黏的糖果串，庄严并虔诚地献给易受骗的灶王爷。

灶王爷在升天的旅程之中享受着这些可口的美味，到达天国时，嘴巴已经被粘住了，人们犯的罪过，他无法诉说。在新年来到的前一天，庶民百姓热忱地欢迎它回到人间，慷慨地用佳肴、点心、红糖作为供品，燃放鞭炮，驱吓鬼神。邪气在旧的一年里聚集不散，如果不祛除，会危害新年里的吉祥喜气、影响纯洁气氛。

---

① 道员的尊称。始于明代，清代沿置。又分两种：一种属布政使之左右参政；参议，分理各道粮饷；屯田、驿传、水利、抚民等事的，称分守道；一种是属按察使之副使，分理各道刑名的，称分巡道。明代道员品级为从三品至从五品不等。清代道员均为正四品。

迎接新年的准备工作排场十分盛大。人们除了大量购买各种类型和尺寸的爆竹之外，还特别喜欢喜气洋洋的金箔纸和撒金的红纸。无论是皇亲国戚还是平民乞丐，都虔诚地装饰自己的家、商店、洋行，里里外外，上上下下，无一例外。人们在鲜亮的纸上写上祝福性的词句，用墨或者朱红色写3到4个字。在这个喜庆的时刻，如果没有这些炫耀性的装饰，家里的人就会不高兴。这些装饰品挂在百叶窗、门楣、门上、用具和车上；同时，每一个能够找到的缝隙和角落都插着燃烧的香，檀香的味道遍及住处的各个角落。

新年前夜，全家人都一起祈祷，包括妇女。之后，他们要去庙里祭拜，为神献上长的彩色蜡烛和锡箔——后者代表金和银——在一个铜做的容器中焚烧。不同的神，奉献的锡箔大小和含金量也有区别。先拜的是天地的创始人玉皇大帝，如果纸灰的颜色是白色，那表示是吉利的，如果是黑色，就正好相反。如果蜡烛芯闪火星，或者一对蜡烛芯同时烧完，同样预示着吉祥。

在新年的第一天，尊崇享乐主义的天朝子民，如果他没有通宵玩牌、饮酒，会按照传统，心情愉快地起身，身着华服，步履轻松，出门拜年。如果他是一个官员，他会身着红色的、蓝色的和白色的官袍，或是装饰着一条或一对花翎（根据官品高低）的帽子。他们手里会拿着一袋红色名帖（4英寸宽6英寸长）。如果是官员，则由听差拿着。儿子会陪伴着一起出门，给亲戚朋友拜年，家里面留一名男性成员接待来访者。

"恭喜发财！恭喜发财！"大家一面行礼，一面互相说着吉利的过年话，严格遵守着这个有威严的、谦恭的民族的传统习俗。

客人一落座，主人就端上一个漆盒，里面分成很多小格子，放着各种糖果、蜜饯、葡萄干、杏仁、荔枝干和瓜子。接着，家庭成员就送上水果和点心等小礼品，并配上一个装银元或者铜钱的红包，大家相信这会带来一年的好运。

在这个幸运的日子里，中国的男人和女人都不剪头发，男人也不刮胡子；不许扫地，甚至不允许动扫把。按照他们的信仰，万一他们犯了规矩，新的一年就会不吉利。

中国的新年的确是一个喧闹而喜悦的时候，没有人会比一个辛勤工作的天朝子民更能享受假期了。他们把一年里每一天积攒起来的钱储存起来，日积月累，直到他们像个财主一样大把花钱，而这时，新的一年又来到了。

第十章　在风顺轮上

1888年10月1日，我离开上海前往更靠北部的芝罘（CHEFOO）港，这是近年来欧洲新教徒在中国北方的疗养所。它位于山东半岛北端的渤海湾（旧称北直隶湾，the Gulf of Pechili）。

秋高气爽，风和日丽。午饭后，我租了辆车沿着江边来到轮船招商局的办公室，预订了我乘坐风顺轮的船票。他们告诉我，5点之前不会开船。我于是告诉司机拐到大马路上。我们的车子嘎嘎叫着往前走。租来的车子都是这么吵，对退休的老人来说很烦，但对闹闹哄哄的捐客来说是绝对必要的。能让人颠得脱臼的车子的好处是，可以预先向银行和洋行报告他到了。大马路也称南京路，把租界几乎等分为二，东区马路两边都是欧洲商店，而西区完全是华人的商店。60英尺宽的街道两旁都是建于1861年和1863年的二层木质楼房，以满足不断增长的人口的需要。这条人工铺就的大马路的尽头是一座横跨护城河的木桥，也就是租界的西边界。马路左侧是跑马场和娱乐场，建在一片大草坪上，中国园丁把它一直修剪得很整齐。场地内有一个高大的看台，每年4月和11月上海举办赛马时，马的主人从香港带来最好的马匹参赛以夺取大奖。参赛的小马大多来自中国的北方如天津，它们定期在马市上被卖掉，均价50两银子。

护城河外的乡村小道泡泡井路①是外国人最喜欢的马路，两旁的树荫遮天蔽日，大树后面的别墅若隐若现。沿着这条路走上3英里，路两旁就会出现很多里弄。向南的一条路通往徐家汇，一所大型的罗马天主教修道院和一座气象台已经在那里存在了很长时间。从这里，有一条路通往法国居民区。这条路附近有一座著名的"婴儿塔"，父母或者是不愿意埋葬，或者是付不起埋葬的费用，也或许是出于其他不可告人的动机，就把孩子的尸体存放在这个毁于1864年的圆形建筑里面。由于当时默许杀婴，并且也很普遍，这种可怕的建筑在中国俯拾皆是，有些还填满了生石灰。

"泡泡井路"的名字来源于一口12英尺深、7平方英尺大的井，靠近静安寺，井底不断冒着气泡。

车从静安寺路开到徐家汇，又掉头开了回来，前往位于法租界的金利园码头（Kinlee Yuen wharf），我的仆人带着我的行李在那里等我。

下了车，我登上货轮——风顺轮。服务员把我的行李放在一个大厅里。我看到老船长在船舱的桌旁写东西。我以前就认识他，这次旅行有他在，旅途一定很快乐。

他一面亲切地拍着我的肩膀，一面握住我的手，招呼中国

---

① the Bubbling Well Road，即静安寺路。

服务员上"威士忌加苏打"。毫无疑问，他曾经是位和蔼可亲、彬彬有礼的绅士，熟知中国的沿海航线，人缘很好。在中国的船长与他们在外国的同行不同，他们更加好客、随和，心态豁达地坚守在俸禄优厚的岗位上，为在东方过着最好的生活而勤奋工作。他们远离西方文明社交的快乐，直到他们攒了足够的钱，衣锦还乡，安度余生，再愉快地回忆起远在"玄华夏"度过的美好时光。

即使到了现在，想起那段日子，我仍然习惯于把那位船长和这段时光联系起来，回忆起他一边享用船上的美味佳肴或者抽烟，一边讲述那些令人愉悦的奇闻轶事。按照我旅行的经验，我发现，一般来说，人在短途旅行比长途旅行更愿意交际；这是因为你知道你马上就要上岸，你会尽量使自己融合在这个新环境里，享受乐趣；而在长途旅行中，你很清楚有大量的时间可供消遣。如果不是因为病痛或者需要同情，一般你不会愿意与人交际。

于是，当严肃地考虑这些问题和其他新奇的事情时，只有那些"扬帆出海"的人才能够认识到，你变得沉闷了，你的同船水手变得愤世嫉俗、疲惫不堪；船的动作单调不变，这一切直到你看到了陆地才会发生变化。然后，就像蜗牛出壳一样，在安全抵达目的地的时候，你们都变得兴高采烈，而这却让船长和船员们颇为不屑。他们一路上都很开心，乐于交际，但到了最后却彻底厌烦你了。

把行李安顿停当，我松了一口气，听到汽笛声大作，登上甲板，正好看到降"开船旗"，听见船长在卖力地喊着：

"开船了,左满舵!"

然后,驾驶台和机舱联系的传令钟发出"减速慢行"的指示。作为回应,轮船螺旋桨开始每分钟达到30转,我们的船迎着大浪向前[①],进入湍急的河流之中,加速,团团蒸汽飘过有很多人在散步的公园。一些人向船长和船员挥舞着白手绢,而船上的人忙得顾不上看他们的善意举动。

我们顺流而下,在甲板一侧,经过两艘英国军舰。我们向他们的军旗行了三次点旗礼。一个小时后,我们到了吴淞口,沿着南边的通道出海,停在一个松软的沙丘边等待命令。

这一天过得很愉快,天色已晚,一个音乐天赋极佳的船员打开了沙龙的钢琴,弹了几首古老的英国歌曲,晚上的气氛顿时活跃起来。我和老船长也找到了适合我们五音不全嗓门的歌曲。这之后,热情好客的船长建议我们跟他一起喝一杯他著名的"威士忌加苏打"。然后,他向我们讲述早年在海上的经历。最后我们移步上甲板,却发现我们在雾中穿行;之后,船长也加入了值班的行列。我于是回到我的铺位上,与被另一个同伴称作"步兵"的家伙作战;我的睡眠不时被加长的汽笛声所打扰。在这个雾气笼罩的环境里,汽笛声会把你的幻觉转变成残酷的现实:一个大胆的蚊子开始在你的鼻子上面采取行动,并且研究总能引起它们的兴趣的睡衣。总之,蚊子在你身体上空盘旋时耐心极强。

第二天早上,我起得很早,喝了杯咖啡后就上了甲板。太

[①] 船只如果在涨潮或落潮时离港或者进港,发生不测,保险公司将不会理赔。——原注

阳正在升起。尽管我到过很多地方，对沙漠里、海面上、山峰上、峡谷里的日出日落也有所领略，但那天早上的日出是如此壮美，给我留下从未有过的印象。

海上风平浪静。向东，隐约可见远方的地平线，点缀着金色斑点的紫色云彩勾勒出与大海的分界线，不断变换着颜色慢慢爬升到广袤的天空中，在绵延起伏的平原上投下自己的身影。平原下面，似乎不时发生着微微的震颤，让它平滑的胸部在深睡中均匀地起伏着。在这一道云景的后面，近似透明的云团聚成了遥远的山脉状，正面由暗红色的光束——或者是天穹上投下的光柱，组成了通往天堂的大门。在最高峰上，一颗明亮的星星遗世独立，它是灿烂群星中最后的一颗！

这景色太壮观了！正在我欣赏时，一群"天朝"的水手围拢过来，手持扫帚随波起舞。一想还是多给他们一些空间，我于是退下了。这时船长身着晨衣走来，陪我来到他的铺位，在那里我度过了一段最愉快的时光。他十分健谈，讲故事娓娓动听，令人愉悦，一整天的"值班"时间里都会"有故事可讲"。夕阳西下，夜生活才刚刚开始，他点起烟斗开始讲述以前的生活片段，用烟斗比比划划，以加重语气。如果你开口提到什么话题，他就会打开话匣子，滔滔不绝。因为他年纪大，阅历广，你提到的任何事情都能使他回忆起在你出生前发生的事情，或者是许多年前他看到或者经历过的事情。中间，他会起身走上船桥，让我在他的故事之中回味。新鲜的海风一定唤醒了他更多的记忆，回来后，他继续讲述。

他邀请我在他的客舱里共进午餐。我必须承认，我从未得到过这样的款待。他很会招待客人，聪明幽默、殷勤周到。在快乐的气氛里，与他相处，时光如飞梭。单调的或者即使是愉快的海上旅行也常常需要放松；如果我尽可能地把他告诉我的一个有趣的海盗历险记复述下来，我不觉得读者会认为这有什么不妥。

"多年前，"他在安乐椅上换了个更舒服的姿势，给长烟斗续上烟丝开始讲述，"在有这么多轮船以前，还没有什么海关的船——这条海岸线上有很多海盗——从渤海湾到海南岛——我当时掌管一条小型的双桅纵帆船，这是一条很普通的船。海上只要有风，别的船都追不上它，这点我从不担心，只是在风平浪静时有可能被别的船追上。我曾试图给它安装上橹，但没有用，它的设计不适合安装橹；所以，那时我们总期待着海上起风，特别是在船上有贵重物品、又逢夜幕降临、风平浪静、视线中有几条可疑的船只在附近徘徊的时候。

"广东和福建的海盗最坏。只要捞到机会，他们无恶不作。你能想象他们有多坏就有多坏了。我第一次奉命带这条船出海，船上的装备很差，只有几个9磅炮弹，五六支步枪和弯刀。第二次出海，我从香港到上海，运输印度生鸦片。

"我早上5点出发，通过鲤鱼门（Lyemoon Pass）。两条一直在靠近海边的地方抛锚待命的大船拔锚启航，升起巨大的风帆，尾随我们前行。

"他们面目可憎，但我能靠自己的速度摆脱他们。离开岸边越来越远，西风加大。我们很快把两条可疑的船甩掉了。

"整整一天一夜，风势平稳；但在次日上午，风势渐猛，我们加快速度,向东驶出近海航道,远离了岸边。就这样,我们抢风航行了一整天,直到深夜。

"大约在次日下午两点,风势减弱,云层慢慢爬上天空。我和往常一样,一直在享受午觉,在自己的舱房内半梦半醒。这时我的助手跑下来报告,那两只和我们一起从香港出发的大船正从南边急驶而来,要赶上我们。

"冲上甲板后,我突然发现,那两条船离开我们只有不到4英里的距离了。海上风平浪静,我们几乎不动了。

"我的助手用望远镜认真观察着说,'海盗想在夜幕降临前把我们收拾掉。'

"在白天抢劫不是他们惯用的伎俩。他们通常是在黑夜悄悄地上来,向甲板上扔几枚恶臭弹,然后突然袭击。但我同意我助手说的,这次他们确实要在天黑前行动。他们很狡诈,和我们一样,知道迅速隆起的云层中有北风,一旦我们的船能够借上风力,速度会增加一倍。

"不能再浪费时间了——我仔细考虑了几分钟。

"'大副先生',我命令道,'叫所有的人都到甲板上来,把两门大炮装满弹药,步枪子弹上膛。叫木匠马上到船尾来。你有没有黑油漆?'

"'有满满一桶呢!'他说。

"'很好,它可以派上用场。'我说道。这时,木匠也到了。令他和在场的所有人都大吃一惊的是,我命令道,立刻把现有的一根又长又圆的树干锯成5英尺长的圆段。

"他们都以为我疯了,但我什么也没说。一切按部就班,锯断的木头被漆成黑色。

"海面上波澜不惊。船帆单调地鼓动着,那两条海盗船越来越近。近在眼前的时候,我们都能清楚地看见他们所有的人都在划船,使那两条船的速度达到了时速 2 节。云层还在升高,他们的船借助了风势。风在和海盗船赛跑,而海盗船会先袭击我们。

"突然,我看见有条海盗船上放下了一条舢板,并用一条绳索把这条舢板滑到另外一条船上,两条船的船头用一条大缆绳连起来。我立刻猜出了他们的行动计划。

"这是一个古老的长江海盗诡计,也很有效。两条海盗船会隔一段距离并肩而行,追上我们的船后,用大绳索缠住我们的船尾,两条船把我们包围住,同时海盗登上我们的船。

"我的船员里有菲律宾人和中国的宁波人[①],尽管我对他们充满信心,但这仍然是个令我焦虑的时刻。船员中的一些人会认为我失去了理智,特别是我拿出一些白衬衣和所有能够找得到的草帽,做成假人。如果算上油漆的木头,还真是够浪费的。当这一切都准备停当以后,我把它们放在关着的弦门里面,派一个配备步枪和弯刀的人值守。我现在给每个人提供三打子弹,把大炮架在船尾,调整好,留给我自己用。

"夕阳西下,万物笼罩在薄暮之中。两条海盗船越来越近。连接两个船头的大缆绳慢慢地被拔出来,船橹摇动得更加频繁,为这个罪恶的诡计提供了足够的速度。一声锣响,炮声震天,霎时间,野蛮的、毛骨悚然的愤怒声音和挑衅使每个人都更紧

---

① 宁波和广东的男人被认为是中国海岸线上最好的水手。——原注

地抓住自己的武器,并准备着献出自己的生命。

"我们船上的一切都像死一般的寂静。大家手持武器,等待着我下命令。

"镇定就是一切。于是,我一边继续抽着雪茄,一边计算着距离。

"六百码,五百码,三百码,两百码;船上响起了令人不安的嘈杂声;是时候了,我发令了:'伙计们,举枪!'

"大方旋窗被打开了,我手里握着的两把枪已经打开了保险,大喊一声,'开枪!'

"9磅重炮弹纷纷掠过他们的甲板,随着我最后的命令,我的枪开火了。

"过了一分钟,海盗们纷纷倒在甲板上,而大缆绳却松弛了,被拖到船上;他们看到我们的武器和穿白衣的水手们后躲开了。

"兵士!兵士! 我听见他们的喊叫,预期我们随时会舷炮齐射。我在船尾找到了我的人,正不断向他们射击。这时,刮起一阵风,我们到达了风口,船帆扬起,风从我们面前掠过。

"风还真不小。你也许会肯定,我下次会好好武装自己。但是,我的老枪会发挥作用——它们救下了一条好的小船和船员。"

一系列的故事就到此结束了。船长走上船桥,而我在甲板上散步直到晚餐,饭后,就上床睡觉了。次日早晨,我们的船快靠岸了。那天中午,船到达烟台,我结束了愉快的旅程,与好客的船长就此分别。

第十一章　芝罘与大饥荒

芝罘濒临大海，空气清新、干爽，鲜有热带地区的暑气。这里气候宜人，有益健康，于是成为南方人的避暑胜地，被外国人很形象地命名为"中国的布莱顿①码头"。

芝罘正式的名字是烟台，正如一位作家所说："《天津条约》指定的通商城市事实上是登州府，也就是烟台所在地区的府治。然而，由于登州府的港口仅仅是一处开放的锚地，因此在1861年初便在烟台的海湾设立了与国外通商的港口。烟台当时已经是法国海军的地盘，这部分法国军队是1860年英法联军进攻北京的一部分。英军指挥部则驻扎在庙岛（Miao Tao Island）——在登州府以东35英里，几乎就在登州府的对面。"

所以，芝罘这个地名实际上是来自同一海湾的另一个港口，跟烟台并没有多少关系。

在《天津条约》签订之前，芝罘所在的山东省相对不被外国人所了解，也就没有人来打扰。签订《天津条约》后，才开放国外通商和旅游。山东的气候与美国北部十分相像，冬季风

---

① 英国南部海岸避暑胜地。

086 | 神秘的花国

⊙ 芝罘李鸿章祠

雪交加。山东的面积在6.6万平方英里以上，人口3000万。省内以平原为主，大运河从南向北穿省而过。黄河的众多支流灌溉着省内的平原。

山东省盛产烟草、草药、谷类以及一种独特的手感粗糙的蚕丝，这种叫作"柞丝"的蚕丝取自生长在橡树上的野生蚕。然而，从芝罘以及更北部的通商口岸牛庄出口的主要产品是大豆、豆饼和豆油，这些产品在欧洲广受欢迎。豆饼的制作过程如下：豆子被放在一个圆水槽里，骡子拉动石碾子把豆子碾碎。通过最原始的手压方法，使豆饼脱油，然后放在格子里包装好，豆饼会自己变硬成两英寸厚、圆形的、大小各异的豆饼块。

我到达芝罘时恰好赶上每半年一度的赛舟会，有幸驾驶一艘叫作"泽塔（Tseuta）"号的、摇荡不稳的小船参赛。我驾船绕海港一周，展示出自己不佳的航海能力，最后名落孙山。尽管如此，我们这一天过得很愉快，许多女士亲临现场，情绪高昂。她们鼓掌欢呼，极大地鼓舞了参赛者。最令人垂涎的淑女奖被一艘名叫"风神"的小快艇勇夺。海关的灯塔补给船"启明（Chi-Ming）"号停靠在海关俱乐部对面，是我们的旗标船。这天，海上刮起东南风，但时大时小。6英里的比赛我叨陪末座；而照我的感觉，赛程有6里格①。当我坐在自己船的船尾，慢慢悠悠地回港时，还是得到了响亮的喝彩。我比别人慢了大概半个小时。不过比赛还是很有趣的。

来到芝罘后的第一个礼拜天，天气平静而晴朗，我外出散

---

① 旧长度单位，1里格相当于5公里或3英里。

步，先去参观了李鸿章祠堂（Li Hung Chang's temple）。1876年9月，威妥玛爵士与北洋大臣李鸿章在这里签署了著名的《烟台条约》。祠堂位于山顶，坐北朝南，俯瞰着海港和周围美景。

登高驻足，从南向北望去，芝罘港的田园景色近在眼前，这真令人愉悦。身后更南端，远方的山脉挺拔巍峨，将平原阻隔在外面。当目光落在包围着村落的那些近山时，远处的山脉就被挡住，无法看到了。往东北望去，波浪起伏的广袤土地上，点缀着许多当地人的农场和农田，向山脚下延绵2到3英里。山的一条支脉延伸到内陆形成一个高地，被称作三天门（Santien-men）。在它的东南，是置身于草牧之地的海阳（Hai-Yang）老城。

我在祠堂中逗留了一段时间，下午用了点车夫带来的点心和饮料，又踏上征程，沿着与海岸线平行的西北方向的窄巷前行，攀登上陡峭的悬崖，欣赏海湾西部的美景。古老的小村庄芝罘被群山环抱着。这里的老百姓主要是渔民，在这里他们可以躲过北方的严寒。

随后，我向右沿着小路前行，穿越了一片荒芜的土地，当地叫作"四十里滩"，它与一件悲惨的故事有相关。

那是在结束了一场重大的缉私行动——这个故事我会在后面讲述——我离开芝罘以后，那里的海关税务司突然失踪了。他的遗体后来在这个偏僻的地方附近被发现。

海关的代理税务司爱德加先生和我直接参与了这场大缉私。我的性命因此多次受到匿名的威胁；幸运的是，我随即被调往一个南方的港口，爱德加先生则请了3个月的假，海关事务由科林·詹姆士先生临时代理。他人缘很好，受人尊重，刚刚从南方来到这里。他显然被那些雇来的杀手错认为是税务司了。

1889年10月31日下午，詹姆士先生喝完4点钟的下午茶，按惯例下班回家，他的仆役和看门人看见他跨出大门。后来在6点的时候，一位名叫贾德的先生也在海湾东岸看见他向"四十里滩"悠闲地走去。天色渐暗，夜幕降临，这位不幸的先生也随之下落不明。

搜索队伍很快组织起来，并且搜索了周边数英里的区域，但杳无线索。我很自信地认为，这种情况表明，他是非法交易中被误杀的受害人；于是，我就写了很长的文章，建议悬赏追查他的遗体，对来领赏的人还要请探长盯梢。

一个月后公布了巨额的悬赏，很快便有人出头了。此人面貌丑恶，领着一群居民来到"四十里滩"附近犬牙交错的海滩上。死者的戒指已被摘掉——这是在尸体腐烂之前就发生了的——他的金表和金链子也不翼而飞。但是，他的大衣上，扣子系得很紧。尸体被小心地摆放着，摘干净了海藻。他的脖子上似乎还有绳子的勒痕。

奖金发给了这个家伙——我"顺藤摸瓜"的意见没人采纳——他得以随心所欲地把奖金与他的同谋分赃了。

我到达宁海（Ninghai）城①已经是傍晚时分，这是我在中国北方看到的最漂亮的城市之一。我从南门进城，路上遇到一些谦卑的老百姓。他们刚刚结束劳作，向家走去。在那些富饶

---

① 1914年改为牟平县，1958年10月并入烟台市。

的农田里,他们的前辈曾经辛劳耕作过。一路上,这些老百姓有时会停下来聊聊天,或者买些东西。也有人玩玩游戏,或赢或输掉几枚铜板。大概1000个铜板相当于1元钱。

这是一幅东方社会平静生活的画卷,令我回忆起圣地①上田园牧歌般的生活。所有的人似乎都穿着黄褐色衣服。骡子带着的铃铛发出叮叮当当的声音,穷人和富人身着精致的衣装在街上来来回回。铺满青苔的墙俯瞰着儿童,在夜幕降临时,晒得黝黑的渔夫也在往家赶。于是,我感觉也到了该回去的时候了。我离开了这座小镇,沿着悬崖峭壁择路而行。这是一段漫长而昏暗的道路,时常有野兔子飞快地跑过。到家的时候,我已经疲惫不堪,早早上床睡觉,耳边回响着拍岸的涛声。

由于严重的饥荒,1889年的夏天对山东人民来说令人难忘。全省的土地荒芜了,每十个人中就有一个人饿死。为了让读者感受到这场饥荒造成了多么大的危难,我摘录几段当时的日记:

1889年6月11日,芝罘。由于黄河发洪水,山东省内的情况令人悲痛。截止到去年年底,由于洪水泛滥,本来就歉收的农业由于严寒更加雪上加霜。接着又遇到史无前例的一场大旱灾,所有的收成损失殆尽,贫困的人们陷入更加悲惨的贫困和饥饿之中。于是,我们的门前每天都有孱弱的流浪者光临。他们搬空了自己家中仅有的家当,掩埋了饿死的小孩,向"危难的边缘"跋涉,最后横尸在我们门前。

---

① 特指巴勒斯坦地区。

1月底，自从洪水以来，青州府（原文 Chin-chin-fu，疑有误）的人民第一次见到一些传教士来参加赈灾。这些传教士发现，这些地区质量非常低劣的粮食的价格都已经上涨一倍；同时，当地官员也不允许拿出任何多余的粮食救济灾民。结果，我们的传教士尽管每天支出 1000 两银子，竭尽全力，还是没法克服分发粮食所遭遇的困难。

现在，饥荒已经极度恶化，一连数周无雨，内陆地区炎热难耐。我们的传教士一面辛勤地工作，一面减轻人民的苦难；然而，死亡的魔掌没有放过他们，饥饿和疾病夺去了很多人的生命。成千上万的苦难民众苦苦地祈祷着好运，却在我们胸怀无私的基督教义工眼前倒下。这些义工不得不承认，他们无力挽救这些悲惨的灵魂。这要归咎于中国官员的不公、分配到的粮食不够，以及难民不断增加——男女老少都从死亡的边缘蜂拥而来，寻求救济。

根据这些难民的讲述，每天多得几乎难以置信的灾情纷至沓来。据报道和记录，特别是中国人的报道和记录，有些可怜人由于极度饥饿，无论从心理上还是从身体上都无法再忍受饥饿带来的刺痛，选择了人吃人。还有些人，把自己"多余的"女孩子卖到妓院里胡混几年，给自己挣点买棺材的钱。一些奇特的中国版画真实地描述了饥荒带来的悲惨境遇，这些版画在山东流传很广（见图）。

陆地上的交通资源十分有限，大部分救灾任务委托给下层地方官员办理。结果，在援助物资被送到目的地之前，许多宝贵的时间和金钱都被无可挽回地浪费了。中国商船"广济

（Kwangchi）"号是艘很小的货船，最近往离开芝罘以西140英里的利津河（Li-tsin-ho）运送了几次稻谷。那里有一条浅河，在老黄河三角洲附近进入渤海湾。

在利津河卸下的粮食被运往通向铁门关（Ti-mun-kwan）的河流。铁门关是利津河西南40英里的一个小镇。粮食从这里被分发到偏远村庄官员的手里。这些官员自己决定该分发给谁，并尽量为自己多"榨取"一些好处。这个省的地主按照土地的大小——而不是产量——交纳财产税，地方官员负责征税。然而，负责收税的小官员尽管得到朝廷司库的命令，要他们免征灾区的税金，但并没有执行。因此，本省长官，即道台，兼管辖莱州府、登州府和青州府的大人，昨天下午到灾区实地考察了。他得到了北京的尚方宝剑，可以立刻革去任何他不满意之人的官职。这也许能为无助的人们带来好处，或许还能间接帮助我们辛勤工作的传教士们。

⊙ 芝罘饥荒

○ 芝罘饥荒

第十一章 芝罘与大饥荒 | 095

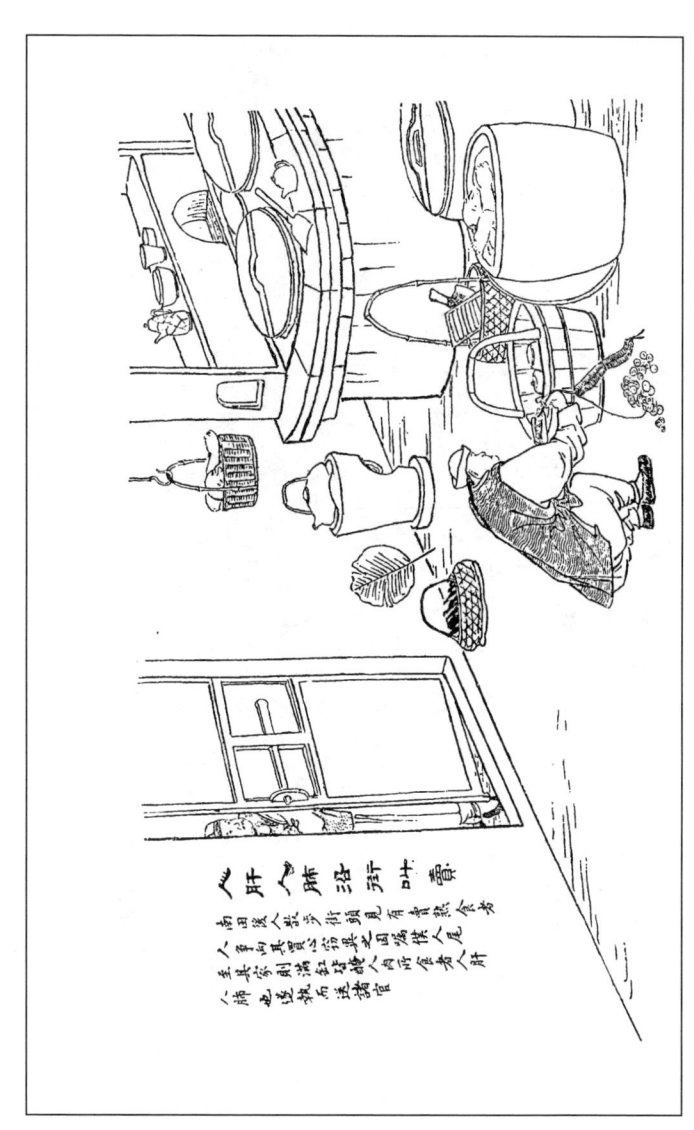

○ 芝罘饥荒

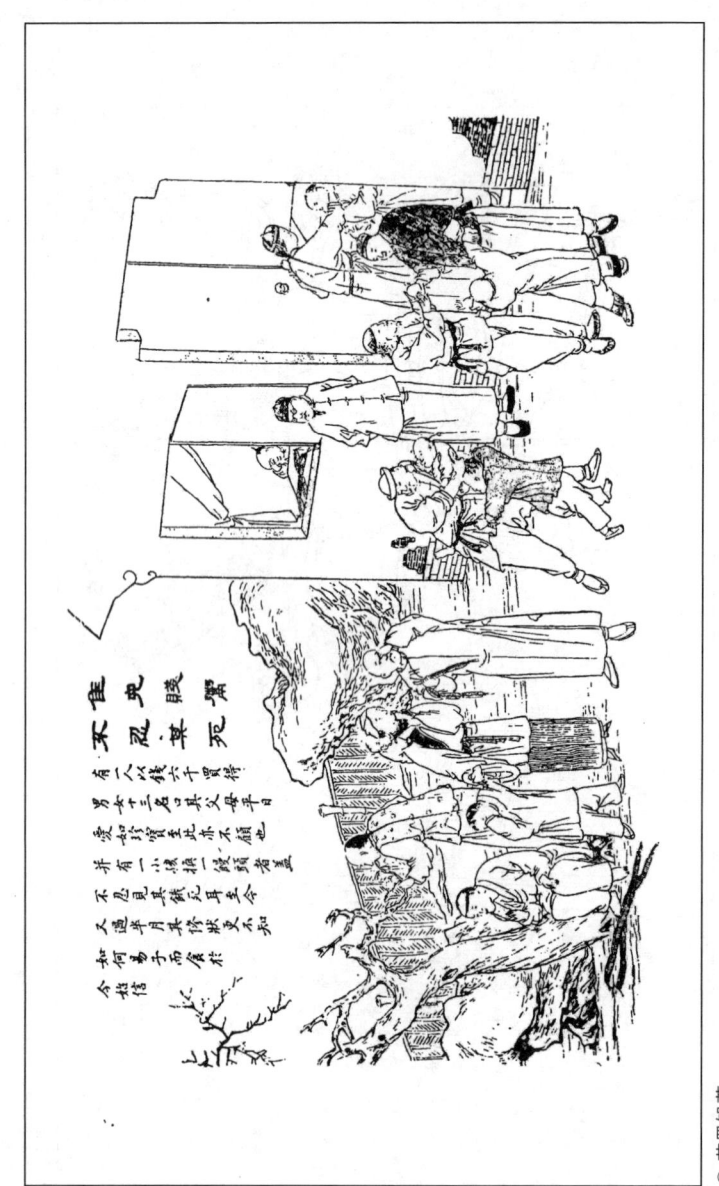

096 | 神秘的花国

⊙ 芝罘饥荒

第十一章 芝罘与大饥荒 | 097

⊙ 芝罘饥荒

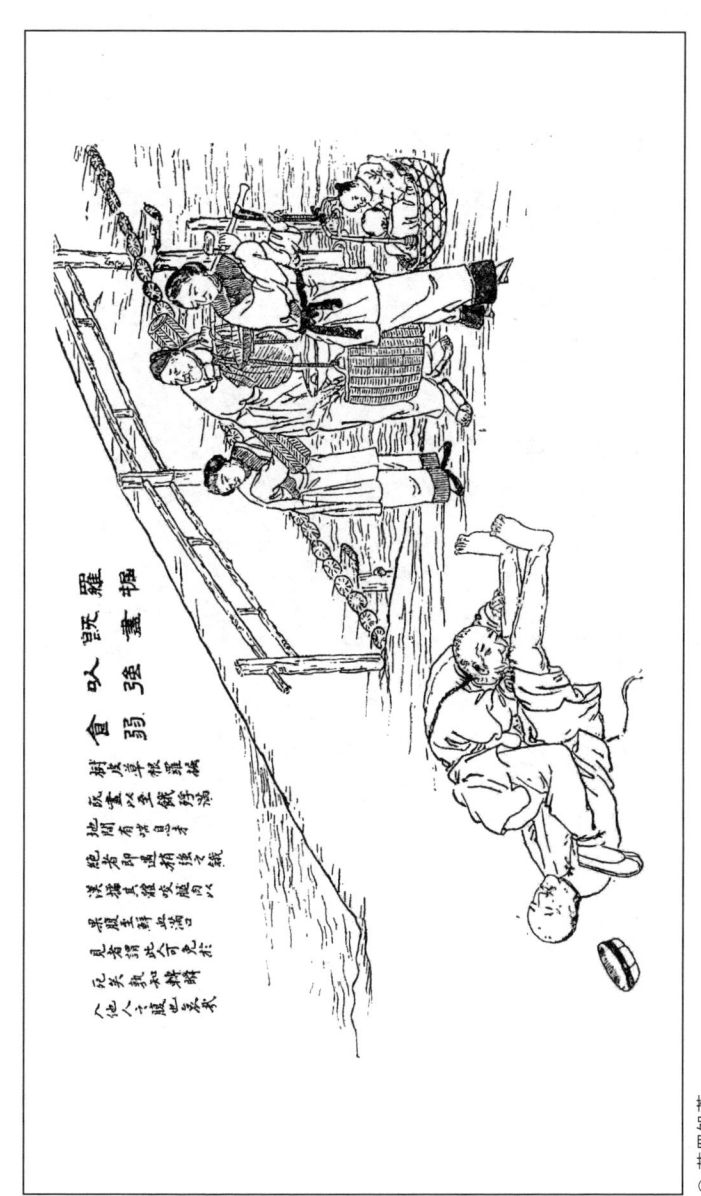

○ 芝罘饥荒

第十二章　动物神话

在中国的名著和其他古书的描述中，我们发现，狐狸生性孤僻、诡计多端、能力超凡。哲学家把这归结于它们800到1000年的长寿寿命。它们之所以能够活这么久，是由于它们在洞穴里、废墟中和其他看不到阳光的地方生存。据传说，狐狸50岁的时候，会变成一个妇人，100岁时会变成一个年轻貌美的女孩。狐仙，即"我们的仙女"，是对雌性狐狸精的尊称。它可以变成妩媚的女子，魅力四射，男人都会拜倒在它的石榴裙下。因此，就产生了这个愚蠢的习俗，被蛊惑的妓女敬拜狐仙，祈求它能使她们在男人眼里更有魅力。中国人相信，狐狸会在1000岁的高龄升天，成为天狐[①]。

在中国作家的笔下，这些动物被描写得和小狗一样，有着嗅觉敏锐的鼻子和长长的尾巴，毛色各异——黄色、黑色、斑点和白色，最后这种狐狸非常稀罕，被称作"银狐"。它们的皮毛十分漂亮、昂贵，通常被看作是吉祥的动物，特别是在虞帝

[①]　狐神之说，可以追溯到汉代甚至更早，《玄中记》载："狐五十能变化妇人，百岁为美女，为神巫，或为丈夫与女人交接。知千里外事，善蛊魅，使人迷惑失智，千岁即与天通，为天狐。"

（大约公元前 2150 年）时期。即使到了周朝（大约公元前 1000 年）它们的皮毛也估价颇高。据说，人们一般用黑狐狸习性来占卜吉祥的事情。然而，在实际生活中，作为一项民间信仰，这种生性精明、举止优雅的动物却被当作不祥之兆。

中国的哲学家说，狐狸的心脏里有一颗精致而圆滑得像珍珠一样的白色宝石，是它给了狐狸超凡的能力。在中国北方的大多数地方，狐狸是吉祥的动物。冬天的时候，如果能够看到湖的冰面上有狐狸的足迹，人就可以走过去。据说，当这种动物穿越冰河时，它们都异常谨慎，把头贴着冰面，倾听冰下的流水声以判断冰层的厚度。

在孔子的《春秋》中，他提到，狐狸越老越聪明越狡猾，能够预知未来的事情和灾祸。一年又一年，一个世纪又一个世纪，它吸取了天地的精华，以至于它的脑力和预测能力超凡脱俗。它的心灵可以穿过千年的黑暗，它的眼睛可以透视千里之外的东西，看见并理解过去和未来。它可以预测自己的终生并为自己做好准备，如中国人所说，善其终生。

古代作家们有关神话的著述总是优雅和美丽的。现在我们就说说被大大误解的狐狸的美丽一面。当狐狸得知自己来日无长，它会落叶归根回到自己的老家。那里是它的父母曾经生活并故去的地方。狐狸会躺在山脚下，前臂交叉伸出，仰望天空，用这个姿势平静而优雅地为自己送终。

在中国神话和民间文学中，"仙狐"或"狐狸精"占有重要的地位，有很多奇怪的故事围绕着它们，著名作品有《楚辞》

和 1700 年前后[①]完成的《聊斋志异》。其中，正像我们用"刁妇"一词一样，"狐狸娜"或者母狐狸被当作绰号，用于形容衣着过于讲究、传播流言蜚语的女人。

有个著名的中国神话讲述了人与狐狸精的故事。有个小伙子在家附近行走，发现有个年轻女人跟着他。走到近处，他惊喜地发现这是一个美若天仙的姑娘，长着一双最漂亮的脚。他立刻坠入情网，两人不久就结婚了。奇怪的是，新娘每天早上日出前离开新郎，日落时才回来。新郎对此不断地抗议，并问新娘其中的原因，但她并不理会，总是借口回家看年迈需要看护的母亲。过了一段时间，丈夫的身体越来越差，日渐消瘦，最终过世。他的美丽妻子——实际上是个狐狸精——也就消失了。她依靠魔力吸出了他的精气，最终要了他的命。

在中国人的传统教育中，他们认为几千年前世界上本没有猴子，他们对此深信不疑，而且相信猴子产生的神话传说。从前，有个大户人家，家里的用人是个女孩子。她的母亲年迈失明，完全依靠她来照顾。这个孝顺的女儿一直把自己省下的食物带给母亲。她的女主人有一天发现这件事，偷偷地在饭锅里放进一些脏东西，这个女孩把饭带回家给母亲吃。母亲吃后就得了重病，她一边伤心地痛哭，一边指责无辜的女儿疏忽怠慢。而她可怜的女儿也伤心不已，流着泪说自己实在冤枉；显然，有人这么做是因为嫉妒，想要阻止她带饭回家；她以后只能用自己微薄的收入买饭。

---

① 本节中，部分年份有误，已经按照史实修改。为方便读者阅读，不再一一注解。

她于是就这样做了。一天,一个老人来到她家里说,这个姑娘孝敬父母,应该发财变得富有。大户人家的主人虐待她,他们全家人都应该变成猴子;这个姑娘要做的,就是次日在准备晚餐时,在椅子上放滚烫的炉具。

次日早晨去上班时,她发现老人的预言应验了,地主家的人都变成了讨厌的猴子,在房间里面到处跳来跳去,发出刺耳的怪叫。

按照预言家的话,女佣把滚热的炉具放在餐厅的椅子上,把饭菜摆在桌上。猴子们刚一坐下,就烫坏了,马上跳了起来,冲出房间奔向森林。它们从此待在那里,繁衍后代。幸运的女仆获准拥有这份财产,与她失明的母亲共享平静而富足的生活。

和我们一样,中国人也养宠物,家境不好的人养猪。如果一条狗与人形影不离,这被看作是繁荣富裕的吉兆。而如果猫也是这样,则是不祥之兆,预示着贫困和家境衰败。这样的宠物不招主人待见。然而,猫并不总是惹人烦,它受到很多家庭的宠爱。按照传统,我们都相信,在遥远的古代,猫狗像人一样都会说话,是它们自己把自己弄成了哑巴。

故事是这样的:从前有两姐妹不住在一起,一个富有,一个贫穷。穷妹妹有一块神奇的石头,可以点石成金。富姐姐对此垂涎三尺,于是占为己有。妹妹苦苦哀求,想拿回宝石,却无功而返,她觉得以后再也无法见到自己的宝物了。后来,她宠爱的猫和狗发现自己的主人因为失去宝石而十分沮丧,主动请缨拿回宝石。由于女主人一直待它们不薄,它们一直寻找机会报答。猫兄狗弟一起上路,不久就遇到一条河流拦住了去路。

狗能游泳，但猫不会。于是，狗善意地让猫爬到它的背上，猫从命照做。它们安全游到了对岸，一起奔向那个富姐姐的房子。这栋房子周边有高墙环绕，猫可以跳过去而狗却不能。于是，善有善报，猫让狗爬到它的背上，一起翻过墙头。它们抓住机会，蹑手蹑脚地从后门进入。经过一番搜寻，它们终于找到了宝石，兴高采烈地带回去交给女主人。女主人大喜过望，好好犒劳了两个宠物。猫兄狗弟却因此争风吃醋，互不相让。

狗说："想想当初我背着你过河，离开我你还能干什么？"

"得了吧，"猫说，"忘了我背着你爬墙的事了？没有我，你只能望墙兴叹！"

它们的问题都一样，对方都回答不了，于是发誓从此决裂。它们变哑了，从此之后，这些动物之间就不说话了，并且充满敌意。

这个故事是我收集的，在海南流传很广。

一天，我去看朋友，他带我来到一间房里给我看一群小狗。

"那里有9条小狗，"他带着满意的神情说道，"趴在另外一条上面的那条是犬王。因为，如果一条狗生下9条小狗，其中之一就是犬王。如果皇帝知道我有这些狗，我就要进贡给他，因为犬王非常名贵。它总睡在其他狗的中间，在这条狗的体内有一块非常珍贵的石头。"

"它把石头弄出来过吗？"我斗胆问道。

"没有，它到老了才会拿出来呢。它会偶尔弄出来，玩几下。不过你得仔细观察才能看到石头，因为狗总是会把它藏起来的。"

他还告诉我,犬王出生那天,周围十里八乡的狗都来探寻,景象十分有趣。如果狗与狗打架,只要犬王过来,它们会立刻停止,因为它们都怕它。他也确信,如果有人为了宝石去偷盗犬王,它会在死前先咬死盗贼。我在中国各地不断听说这个故事,并且,如果一只老虎有三只虎崽,其中一只也就是虎王,它身体里也有一块宝石,虎崽长大后也取出来自己玩耍。

在中国的寓言里,蛇占有重要地位,人们自然而然地把蛇和它的神力与印度联系起来。在中国,特别是在广东青蛇庙(Green Serpent Temples)和梧州府(Wuchow-fu),很流行蛇崇拜。人们在宏伟的蛇庙里慷慨地供奉祭品,而且确实有蛇来吃贡品,如吸食信徒们供奉的鸡蛋。

与很多蛇一样,有种青蛇头部有一颗宝石,称作"玉"。印度人也有类似信仰,据说,如果谁能够得到这块玉,他就会像鸟一样飞了。

有个作家在一本中国的杂志上写道:"有力的证据表明,中国人的蛇崇拜是有事实根据的。1873年秋天,天津洪水最凶猛的时候,头脑清晰、办事干练的李鸿章也参与拜蛇。他们供奉的是条可怜的小蛇,被救起供奉在神庙里,受到人们的赞美和观赏。"

在中国小说《雷峰塔》(*Loei Gung-tap*)里,作者描述了一条白蛇的故事,它有1800岁,具有神力,还能把自己变成人——一个年轻的漂亮女人。白蛇有个仆人,它们初次见面的情景被描写得栩栩如生。

杭州是个可爱的地方,许多王公贵族的豪宅尊地、漂亮的花园和名寺古刹遍布全市。其中，周王子的花园因其奢华而出名，但因其过世早已被废弃。其中有小山、雕梁画栋和祭坛，能与紫禁城后花园媲美。有条大青蛇在这个院子里生活了800多年，能幻化成人形。

一天当她看到有条白蛇爬进院子，便马上上前阻止："你哪儿的，跑到这里来打扰我？你不怕我吗？"

白蛇像青蛇一样，也显现出人的样子笑着说："别太吹牛了，听着，我是威力巨大的白蛇，来自风洞山，我在那里住了1800年。我不想太张扬，要换个地方住。所以你要让我住在这里。再说，我们原本都是蛇，何必这样互不相让呢？"

然而，青蛇并不买她的账，咆哮道："这可是我的园子。你这个远道而来的流浪蛇精，胆敢过来称王称霸。既然你说自己神力无比，那我们就比试三局，看看谁厉害。"

白蛇微微一笑，说："我并不愿意和你打架，这不太好；但是既然你这么想打，我就奉陪到底。但是有个条件，咱们胜者为主，败者为奴。"

于是，青蛇愤怒地舞起长剑刺向白蛇，而白蛇迅速地抽出两支剑交叉在胸前。不久，白蛇就占了上风，她念了几段咒语，把青蛇的剑弄折了。但她还是宽恕了青蛇。

"别打了，放了我吧，"青蛇下跪哀求，"我承认你是最棒的，我会服侍你一辈子。"她们成了朋友，美丽的白蛇和她的仆人走进了花园。仆人对她忠心耿耿，她们相亲相爱，生活愉快。

按照传统，如果一条蛇在人间里表现得好，不伤人，上帝就会把它变成"天龙"，为它在天堂里留有一席之地。

中国人相信，世界上有天龙和地龙之分，天龙有长尾巴，而地龙没有。但是它们都威力无比。如果地龙稍微动动耳朵或者眼睛，都会引起骚动。如果它动动尾巴，就会引起地震，房屋倒塌，财产损失。

大家都认为地龙是这样产生的：许多年前，一个中国学童有一天捡到了一条小蛇，把它放到一个盒子里带到学校。他把它放在抽屉里，给它很多食物。小蛇成了孩子们的宠物，脾气温顺，身体健康。一天，校长偶尔打开抽屉，被吓得灵魂出窍。这条巨大的蛇从校长身旁滑过，奔向附近的山区。孩子们得知这一消息都很伤心，但不久就发现大蛇的去处。假期里，他们带着美味的食品去看它。同时，他们也得到了大蛇的爱戴——特别是它年轻的主人，一个好少年。后来，这个男孩的叔叔得了重病，医生无计可施，让孩子去请教大蛇。于是，孝顺的孩子就去山里，向好心的大蛇陈述了叔叔的病情。这时，这条大蛇已经长成了一条巨蟒。它沉吟了片刻，张大嘴巴让少年爬进去割下一片舌头，把这个带回去给叔叔当药。孩子照办了，他叔叔的病情也有了好转，于是让侄子再去切一片舌头。好心的巨蟒同意了，男孩又割下它舌头上宝贵的一片肉，叔叔的病情很快好转。第三次，男孩又来求助，蟒蛇欣然同意，并张开大口，男孩爬进去，但不知何故，他切得太多了，让蛇痛不欲生，它的上下腭迅速合并，顿时夺去了男孩的生命。蟒蛇悲痛欲绝，因为它从没有想动这个孩子的一根汗毛。老天爷本来由于蟒蛇的善举打算任命它为天龙，但由于出了这个差错，只能任命它作地龙，让它从此统治地球。

在中国人的传统观念中,母鸡很少打鸣。如果母鸡打鸣,就是凶兆,要立刻杀掉。如果公鸡晚上 7 到 8 点打鸣,要有火灾;如果是晚上 10 点,要有盗贼;如果是半夜,则一切平安。

类似的预兆和传说成千上万,而传说都有道德教化的意味。我所介绍的这些,只是想帮助读者了解这种在中国文学中极为常见的动物神话故事,熟悉这些故事的风格和大意。

第十三章　梁阿头的屏风[①]

在烟台的时候,我与一个知识渊博、令人尊重的自愿为乞丐的中国老人混得很熟,他这类人在"玄华夏"并不少见。他身着在中国每个富人都会穿的传统华服,甚至专职乞丐看他时,都带着怀疑的眼神。因为在中国人人都担心被地方官员盘剥,即使生活在茅草屋里的穷人也都被他们敲骨吸髓,要"榨出"九成纯银,更不要说是他这样自命不凡的人了。现在,我们说说梁阿头吧——这是他的大名——他每天晚上出来到海关前面这个固定的地方行乞。有一天下午,他来到我的办公室,操着娴熟的英语咨询港口中的航运事宜。

这样一位看上去放荡不羁的老叫花子能够讲这么好的英语令我十分惊讶——他说的还不是"洋泾浜"英语,而是地道的英语——而且,他还对航运事务感兴趣。我想他就是一个爱道听途说的老人,于是我请他坐下,然后给了他一杯水。这些看来很讨他的欢心,然而,对我再三建议一起喝威士忌或者白兰地等洋酒,他却拒绝了。于是我猜想,他从来没有尝过洋玩意

[①] 这篇文章最初发表在《伦敦环球报》的专栏里,形式略有不同,原名《清风的屏风》(*Tsing Fong's Screen*),1895年1月22日出版。——原注

儿，我错了。事实是，他只喝香槟，但他太拘泥于绅士的客套，没有告诉我。后来，他从自己油乎乎的衣服里面掏出一盒雪茄，递给我一支相当不错的马尼拉牌雪茄。

一来二去，我们多少还成了朋友，但他为人低调，显然很穷，不怎么谈论自己。后来，我们相互了解多了，他也了解了我的为人。

一天，他邀请我去他家"吃饭"，我很好奇就答应了。我们穿过迷宫般的窄巷，绕开许多衣衫褴褛的穷人和污秽不堪的狗。他带着我转过街角，经过一个木料厂，穿过一个摇摇欲坠的拱门，又经过一道门，来到他的住处。这是一个伪装成乞丐的小康商人的房子。

一进入他的家中，他的所有伪装都留在了门外，我受到了周到的款待，宾至如归。我懒洋洋地靠在铺着缎子的长沙发上，目不暇接地四处打量着屋内华丽的装饰。这些只有富人才能够享用的摆设，看得出是一个心灵手巧的妇人所为。我的目光缓缓落在一个大型日本屏风上绣着的优雅女人身上。她的头靠在正在开花的果树上，那双有些奇怪的会说话的眼睛似乎正盯着我。

正当我如醉如痴地欣赏这对逼真、深邃而又光彩照人的眼睛时，它们突然间眨了眨，神秘地消失了。让我惊奇的是，屏风上并没有生命的那些图案也变得模糊了。这以后，我一直对这件家具抱有浓厚的兴趣，特别是那上面的人居然能够眨眼。你或许知道，我是个很谨慎的人，告诫自己不要流露出任何惊讶的表情，对那个眼神也不过是瞥上一两眼而已，因为老梁[①]也不知道屏风的奥妙。他相当近视。随着时间的推移，我们成为好朋友。

隆冬季节一个漆黑的夜里，厚厚的白雪盖满了大地，港口没有船只往来。我被远处的枪炮声惊醒，这声音似乎越来越近。然后，我能够听到大声的喊叫和嘈嘈的声响。我猜想这也许是中国人常有的某种"拜神"仪式或者是夜里的游行队伍，于是我躺在床上半梦半醒地听着。

我的院子里枝繁叶茂，唯一的入口需要通过一个门房，那里有个看门人看守；而我的仆役则睡在门房的对面。突然，我听到院门猛地打开，发出吱吱嘎嘎的噪声。房子前门的门闩被打开，走廊里传来一阵脚步声。

我从床上一跃而起，刚披上晨衣就听到有人急促地拍打着我的房门。我问是谁，没有人答应。我打开了房门。

我一生中从没有如此这样吃惊过，而且几乎说不出话来。站在我面前的是位美女，旁边是她的女仆。你一眼就可以看出，这位美女是纯粹的东方血统，这从她独特的装束就能看出来，她乌黑的长发很优雅地梳理在耳际，在头后面打成一个发髻；她身着华丽而暖和的狐皮边的天鹅绒大衣，大衣的袖子是宽大的喇叭口，衣服上还有艺术感极强的刺绣装饰，优雅的裙子下面是双没有缠裹的脚，而不是其他妇女那样的如蹄子般的"金莲"。

她们很快打开阿妈随身带来的包裹，拿出一整套中国男装。

[①] 在中国，姓在前，名在后。——原注

那位年轻女人示意我立刻穿上,那位会一点"洋泾浜"英语的女仆告诉我,她的女主人专程来救我。原来,当时冒出了两三千名暴徒——有些是来自驻守周围海防的叛乱者,还有一些是已经杀了很多人的坏人——他们近在咫尺,不出几分钟就会冲进我的房子来杀我。形势刻不容缓。

人声鼎沸,火把的嘈杂声越来越近,局面万分危急。我一边敏捷地穿着用于伪装的衣服,一边不由自主地感叹,这位女子将自己的生命置之度外,在这个漆黑的冬夜跑过来救我的命,她到底是谁呢?这个问题越来越困扰着我,但我至少知道她出身高贵。

我抓起几份重要文件、我的日记和钱匣子,往口袋里塞进几样值钱的东西后,我告诉她们可以走了。这位年轻女子毫无畏惧的眼睛里闪着光,还眨了眨眼。是的,她也准备好了。她从宽大的袖子里抽出一支笨重的马枪在前面带路。唯一让我们感到一点点安慰的是,这是一个伸手不见五指的漆黑夜晚,寒冷无比。地上的雪很厚,院子的门半开着。看门的人已经不见了,没人看到我们出门。路上喧嚣的声音让人害怕,我们摸着路往前走,好几次几乎就要被看不见的人撞倒。

我每时每刻都觉得我们会和暴徒迎面相撞,因为他们似乎无所不在,叫喊声、枪声从各个方向传来。但是,我们一直跑着,穿过错综复杂的街巷,经过一个低矮的拱门,最终我们进入了梁阿头的家,这是一个非常隐蔽的地方。老人去了上海,但是她年轻的女儿——那座屏风中的女主人公——勇敢地救了我。她做得非常及时,因为后来我得知,我们离开后不久,暴

⊙ 从东海滩望芝罘

徒就闯进了我家，把那里搞得天翻地覆。

那些住在相对安全的地方的外国人，他们的家远离我住的城镇，也经历坎坷，可谓九死一生。当时，他们逃到了海关的船上，而暴徒则被道台的部队赶回了内陆，他们于是就在那里大肆破坏。

不久，当地官员发现梁阿头的日子过得不错，于是可耻地对他进行"敲诈"，这是造成他死亡的主要原因，至少，我是这样认为。但是我娶了他的女儿。她人品好，忠诚。梁阿头为我们送上祝福。他走的时候平静而安详，因为他知道，在荣华富贵的这些岁月里，他躲过了这些官员狡猾的诡计；他的女儿阿燕安全、幸福，受到一个朋友的呵护。他们之间的友谊让他可以信任和尊重这个朋友。

我还要说，一直以来的生活证明，她是最好最高贵的妻子，是一位忠诚的伴侣，心甘情愿的贤内助，也是最可信赖的红颜知己。我写这些话的时候她并不知道，只是坐在我身边的摇椅上，她灵巧的手正在做着精美的刺绣。

就像"梯子上的老钟"①一样，老人一过世，那件屏风就再也没有复活过。但无论如何，我们把它作为一件见证过去时光的古董保存了很多年，直到我们回英国。

---

① 美国诗人朗费罗的一首诗名。诗中的老钟总是唱着 "Forever-never! Never-forever!"

第十四章　遭遇走私犯

中国人干起走私可以说是无师自通，手法娴熟。他们在南方走私盐，在北方走私军火。这是因为，北方的盐便宜，而南方港口的盐税很高，把盐运到南方可以逃税，销售后获利甚高；强大的黑势力购买大量的军需物品，贩运到北方，即使老式步枪和手枪都能够卖个好价钱。于是，许多近海轮船的船长发现，投资这个买卖很划算，而买办也参与进来。有时候，从船长到厨师都"下海"走私。这种情况在德国船上更为普遍，因为他们的薪水普遍很低，而且在国内签约受聘，并不能领取在中国航线上的津贴。在这种情况下，船上的人赚点外快也就不足为奇了。十有八九，船长和大副们受贿后对船上的走私不闻不问；他们只要沉默不语，视若无睹，装聋作哑，热情地招待一下"海关的人"就行了。走私团伙的头目会每月把200美元作为小费放在船长和大副的枕头或者盘子下面。

在那个时期，一些轮船从汕头和厦门开往烟台、牛庄和天津，船上有200到300担私运的硫黄。这些走私品也许会藏在船头，那里平时会装满水，等装硫黄时就把水排出。他们甚至不怕麻烦，把缆绳柜里的缆绳都拉出来，在那里装50到100个袋子，然后把缆绳盘好放回。他们的想法是，如果能确保"畅通无阻"，就不必考虑什么麻烦和辛苦。他们常常把武器、弹药和炸药藏匿于帆舱里。有的武器被仔细地包裹好藏在光秃秃的桅杆上，有的藏在前桅的大帆里，还有的藏在支索帆里。这时候，要解开支索帆，才能取出货物。也许货物并不在这些地方，而是藏在桅杆上的风帆里偷运。这些地方除了难找外，通常还受到船长的保护，他有权力迫使任何打开那些船帆的人重新卷起船帆，或者花钱让船员去这么做。

听说海关搜查组有很多年没有破获重大案件。就我所知，大量的走私活动都可以逍遥法外，我于是信心百倍地进行深入调查。但我一直在统计课（Returns Office）供职，编报表，赶急件，几乎没有时间做其他事情。我从海关监察员那里得知，前一两个月能抓到几起小走私案，但近来没有明显的走私。我可不这么想。

一天早上在与税务司聊天时，他告诉我，他从一些中国的高官那里得知，大量的军火和硫黄将会被运到这里并转运往内地。这是个有赚头的买卖。那里一担硫黄可以卖8两银子，而在华南只需不到这个价格的一半就可以买进。我告诉精力充沛、工作勤奋的税务司，如果他能够让我离开岗位，并且让我放手干，我愿意在可能的情况下，开展调查，揭开走私之谜。我的判断是，走私物品卸船后不会一下子走得很远；我会查出它们在哪里，处于什么状态。他同意了。我于是立刻放下手头的内勤工作，制订自己的行动计划。

我推断，走私品在夜里被卸下船运到一个偏僻而隐蔽的地方。因为走私军火十分危险,按照中国法律可判处死刑,而从事这些行当的大都是不法之徒和亡命之徒。

第二天清晨,日出时分,我悄悄出发,独自沿着东悬崖前行。在靠近海滩的地方,我从岩石堆中爬下悬崖,寻找着硫黄的踪迹。由于水对硫黄没有什么威力,因此它是不容易消失的。一连两三个小时,我在凹凸不平的岩石间爬来爬去,查看每一个角落,想象着我突然找到自己正在寻找的目标时的喜悦心情。它们果然在那里,在水边的右前方。我发现一些像大理石的小碎片,沿着这些碎片留下的痕迹,沿着岸边狭窄而崎岖的小路走了一段,然后爬上犬牙交错的悬崖。

我从一块石头爬上另外一块石头,爬得越来越高。地上的痕迹越来越少,越来越模糊,在一块巨石后分了叉,在一块外表很坚硬的石头前我停止了脚步。我把一块大石头转到一边,发现一个狭小的洞口。我划着一根火柴,心头狂跳不止。我先看看自己有没有被人发现,然后爬进洞穴。

借助着火柴的亮光,我能够辨认出三个正方形的灯笼,一些麻布袋,还有很多硫黄。除此之外,别无他物。这是个重大发现,我感到胜券在握。一切都不出我所料。我爬出洞口,小心地把石头挪回原处,沿着崎岖的岩石爬上另外一块更高的石头。从那个比较高的地方俯瞰走私者的洞穴,我发现了岩石上一个很深的缝隙或者说是一个洞穴,大到可以装下一个人。这里没有硫黄的痕迹,也没有硫黄的颗粒指向这个方向。于是经过仔细的测算,我决定把它作为我自己躲避走私犯的栖身之地。

一连几天,在最后行动开始前,我早上很早、晚上很晚去踩点，那时周围没有人。我完全是为了熟悉周边环境，每一块岩石、每一条石缝、道路和岩石层都要搞清楚。这样万一遇到紧急情况，我不会因为地形不熟而处于劣势。

最后，我小心翼翼地准备行动，昼伏夜出。每天晚上 11 点，我穿上中式衣服，戴上辫子，化装完毕后，把左轮手枪藏在长袖子里，出发前往走私犯的集结地。去那个地方路有些远，地点偏僻而危险，在夜色里更是如此。

过了 9 天或 10 天，什么事情都没有发生。我也没有看见任何人来，猜想没有得到印证，让我有些沮丧。这个地方似乎被遗弃了。

然而这天夜里，正当月亮升起，月光开始照耀在我藏身之地的时候，我正半梦半醒，突然有块石头落在离我几码远地方，打破万籁俱静，吓得我灵魂出窍。

我屏住呼吸，焦虑不安地抓紧了我的手枪。另外一块石头从离我很近的地方飞过，然后我就听到一阵耳语环绕四周。他们是在找我吗？这是我扪心自问的首要问题。

一个家伙经过洞穴的入口，我几乎可以碰到他的腿。然后，又有一个人过来了。其他几个人一个一个下到洞穴的第二层，在那里大概集合了 8 个人。其他人则被分配在对他们有利的地方瞭望，遇到情况就发出警报。

即使占据最有利地形，我也不是个勇敢的人。看见这些亡命之徒每个人都全身披挂、武装到牙齿，我吓得魂飞魄散，事实上，

我的肌肉因为惊吓而松弛
我的智慧随冷汗而流淌
我就像融化在水中

那是我的真实感觉。但是，鉴于我以前在非洲海边旅行时，曾不止一次身处险境，我很熟悉如何处理。这次，我也得以应付过去，并战胜这种难以言表的恐惧。我使劲咀嚼着饼干并喝了一口白兰地，这使我恢复常态，但还远远没有觉得舒适和安全。

他们现在点亮了一个灯笼，一个家伙举着灯笼来回舞动着。这显然是个信号。朝海上望去，我看到另外一处亮光，显然是从渔船或者舢板上发出来的；因为前往北方的轮船常常在夜晚进入海湾，他们从不害怕被发现，肆无忌惮地向已经在那里等候的渔船或者舢板卸下走私货物①。

他们用灯笼打了几分钟信号后，就下到海边，在岩石中间坐下，点起烟斗等待。看到他们距离我远了一些，我才长舒了一口气。半个小时后，我听到小渔船的机器声，后来机器声消失了，船上的人向岸上的人呼喊。在接头前，他们对了暗号，一个满载硫黄的正方形的小船滑上海滩。

过了一阵子，大家都开始忙碌起来，人人都在肩上背几袋半担重的袋子，像山羊般迈着坚定而敏捷的步伐向悬崖绝壁上方进发。几分钟后，小船划走了，不一会儿又运回更多的走私

---

① 厦门走私犯会反复做很多次。从新加坡来的小船，其中有些船装满了鸦片，进入附近的岛屿或者大陆，卸下昂贵的货物。我曾在那里观察了很长时间。海关发动的缉私行动，尽管准备充分，但总是晚一步，赶到时走私品已经落地。——原注

品。但这些货物要运到哪里去，还是未知数。为了弄清这个问题，我应该离开现在的位置，到山顶上去观察，但是我不敢，因为放哨的人肯定会发现我。他一发警报，我就一命呜呼了。我只好一动不动地待在原地，担心引起注意，尤其是现在皓月当空的时候。

他们一共把3批货、300个袋子卸下船，这大概值1200两海关白银。

当所有的袋子都被安全地转移到显然是附近的一个秘密地点后，这些家伙碰了下头然后解散了。但是，在小船离开前，一个衣冠楚楚的中国人、显然是这个团伙的老板之一的人递给船夫一张钱或是支票，然后他们推着小船离开岸边。

不久，一切又陷入沉重的寂静之中。我轻松地变换了一下姿势，更自由地呼吸着。但我认为要谨慎些，不能在天亮前就冒险出去。

天终于亮了。我拍了拍身上的土，活动了一下僵硬的肌肉，吃了几块饼干，喝干了最后一滴白兰地，出发查找从破袋子里漏在路上的硫黄。大部分遗迹已经被擦掉或者尽可能被掩藏起来了，对不经意的过路者来说，路上并没有明显的痕迹。我弯下腰，仔细查看地上的每一步，这样我能够跟上硫黄粉引导的Z字路线向上走到悬崖。我决心趁热打铁，沿着仅有的硫黄颗粒向上爬。幸运的是，时间还早，附近也没有人打扰我，让我放手侦查。

登上悬崖顶后，我很容易就发现了精心藏匿的蛛丝马迹。因为一把硬扫帚留下的没有被破坏的印记指向偏南方向，顺势而下，可以看到印记在一个角落向左转，最后穿过一座房屋的大门下面。这座房子被一位已故美国传教士的遗孀租用。她并不在家。

我于是推断，这座房子的门房涉嫌走私，但我无意打草惊蛇、破坏我的计划。于是我返回到藏身处，藏起用于掩护的中式衣服，慢慢走回家。

早饭后，我去见税务司。我告诉了他我的发现，他非常高兴和兴奋，并保证立刻向美国领事馆申请搜查证以搜查嫌犯。他得到了这个搜查证。中午时分，他和理船厅在几个外班职员、我和几个海关船员的陪同下，组成一个很壮观的缉私队伍。

我们很快抵达那栋房子，税务司使劲拍门。不一会儿一个苦力打开了门，此人脸上流露出自鸣得意而又诡计多端的神情，我一看就知是个罪犯。他给我们磕头，显得很谦卑有礼，貌似心中无邪。得知我们的来意，他立刻显得十分无辜和气愤。

这栋房子尽管设备齐全，却大门紧闭，显然有很长时间无人租住。过道和房间里灰尘很厚，发霉的味道充斥整个房间。

税务司和他手下搜查整个房间，我回到大门口，仔细察看留在地上的硫黄颗粒，沿着这个线索，一直走到房后的矮树丛林边。拨开树枝，走进茂盛的树丛，我看到一个推拉门。打开门，我发现一个通往房屋地下室的地道。我找到了藏匿走私品的地窖。

我迅速回到房间，把其他人带到屋后。税务司对这个重大发现十分激动,立刻逮捕了看门人。他马上跪下,祈求宽恕①。大家点起一盏灯笼,牵着手和我爬进地道,向前爬了一段距离,进入几个更低层的地窖,那里堆满了用半担重的袋子装的硫黄。所有这些都被移送海关,查抄充公。后来我们得知,如果我们提前几天发现这个地方,我们会起获几千袋硫黄,而那些货物已经运往内地了。

这种走私现象连绵不断,延续多年。许多走私犯都用过这个地窖周转货物,赚够钱后就洗手不干了。

有一座这种内地的走私库房,位于海湾对面,在朝西几英里的地方,毗邻一家旧工厂。我对这个仓库的调查结果即将水落石出。然而,在将缴获的走私品充公后,一封急件发给了在北京的赫德爵士。因为对这次行动的贡献,我被提升到厦门工作。在烟台度过了8个月短暂却愉快的时光后,7月4日4点30分,我乘坐"喜亭(Heating)"号离开了这里。

烟台颂
1888年7月4日于喜亭号上

当我凝视着平静的海滨,
吸吮着初夏空气中的芳香。
注视着每一缕夕阳,
一去不返的幸福美景、欢乐时光。

---

① 我后来得知,那个倒霉的家伙被送交官府,按照道台的指令被斩首了。——原注

然而,每个褪去的景色,
都会进入我未来完美的梦乡。
夜色袭来时,那褪色的记忆,
会在郁郁葱葱的小路上被照亮。
和煦的微风轻轻袭来,
吹过东海海面,朝着故乡的方向。

第十五章　在厦门和漳州

厦门岛是福建省沿海最重要的岛屿之一。福建，意为"建立幸福"，古名闽，源于中国境内一条河流的名字。厦门城是一座有围墙的三等县级城市，盛产牡蛎、甘美的柚子、独特的宣纸花、雕花桃核项链和手镯。厦门岛位于一个美丽的海湾中间，被一连串岛屿环绕，其中最大的是金门岛，它的西南端就是龙江（Lung Kang）出海口，龙江西行经过一个小城市漳州（Chang Chow，马可·波罗笔下的刺桐），大约离厦门有35英里。

一个去过漳州的人这样写道：

进入漳州时，我并没有觉得这是个人口稠密的城市。首先映入眼帘的是一座又高又长的跨河大桥，上面盖有房子。桥基由25堆石头构成，每堆石头长和高各20英尺。又大又圆的木梁一堆一堆地排列起来，一些小木梁交叉其间，垫着上面砖和石头铺就的人行道。其工艺略显笨拙，但很厚重。人行道上有些石材长45英尺，宽2英尺。桥宽10英尺，街道两旁的商店占据了5英尺的地方。下船的地方在桥下。沿河上行1英里是类似的第二座桥，桥的那一边，是一座很著名的古庙。这座庙

⊙ 厦门万石岩庙

建于公元 600 年（隋代），从腐朽的部分可以看出它饱经沧桑。在庙的正殿里有 7 个巨大人物雕塑，两侧有 15 个真人大小的雕塑。右侧的大殿里是另外一个用花岗岩雕塑的巨大的佛像。

漳州的有些街道非常宽阔，但环境像中国其他大多数村镇一样肮脏、令人不快。街上有些不错的商店，市场供应充足。城市的西北角另有一座庙，里面的人物雕塑比上面提到的那座庙还要多。这座庙里包含了一间供奉朱夫子（Chu-fu-tzu）[①] 的殿堂；在漳州市中心还有一处房子，被称作是他的故居，周围的墙壁几乎围成了一个广场；房子的南边有条弯曲的河，从河上的瞭望塔上可以清楚地看到附近的 40 个村庄。

厦门是中国最安全、无疑也是最漂亮的港口。在美丽的夏夜，我常常划着四桨小船漂到外港——港口分为外港和内港——享受着海上凉爽的微风和户外的浪漫景色。如果你想看看这美丽的景色，最好登上我的船，在想象中伴我一起夜行。

这天天气晴好，傍晚时分，太阳的余晖伴着暮色勾勒出西部地形的轮廓。夜幕降临时，远处雄伟的高山巍然屹立在朦胧的夜色之中。它们逐渐在变暗的日光中消失，只有近处的山脉还依稀可见。山顶上每隔一段距离就长着几棵古树，就像荒废的大马路上的标志牌；在其他地方，这些树木就像流亡者做伴一样集合在一起，形成一个林荫大道。在那里，只有夜晚潮湿的空气在悄然吟唱；在那里，只有狂风大作，呼啸而过，吹过

[①] 朱熹，中国著名经典的多产作家。——原注

那已故的原始祖先安息的地方；在那里，太阳同情地露出了它最灿烂的笑容，在傍晚时分徘徊，永远唱着旧世界的旋律。

我们乘船顺流而下，看见一些朴实的渔民从远处打鱼后回家。他们的船在波光粼粼的水面上自如地航行着，落日的余晖映照在他们琥珀色的船帆上，此情此景令人愉悦。周围都很安静，让人陷入冥想。这种自然美景只能为某位克洛德[①]或者泰纳[②]式的画家欣赏并描绘出来。然而这或许永远不可能，因为这样优雅而富于诗意的画家实在很罕见。面向东方的古代建筑坐落在庞大的古树树冠下，山形的屋顶和破损的台阶，把客人引到敞开的门口。黄昏中，贫穷的道士吟咏着古怪的《格里高利圣歌》[③]。这种高尚而庄严的衰败情景，可能永远不会作为异域的奇特风景被今天的艺术家描绘。或许他们会穿过房子下面长满苔藓的、颤颤巍巍的地下室，但却从没有想到要向上看看，在那宽阔的露台上，孩子们从长满青苔的屋檐下探出身来，瞭望着来来往往的大船。

较远的一端是一座古镇，古朴的建筑和街道平静而安详。这时，孩子们的欢笑声传来。从岸边锚地的船上，你偶尔可以听到竹笛发出的熟悉的声音，或者是年轻的流浪乐人用具有独

---

① 克洛德·莫奈（Claude Monet 1840—1926），法国印象派画家。
② 威廉·泰纳（Joseph Mallord William Turner 1775—1851），英国风景画家。
③ 格里高利圣咏是西方教会单声圣歌的主要传统，是一种单声部、无伴奏的罗马天主教宗教音乐。作者在这里用格里高利圣咏比喻中国的"道情"。道情是我国曲艺的一个类别，又称渔鼓。相传渊源于唐代的《九真》《承天》等道曲，以神仙故事为题材，宣扬出世思想，是一种抒发道教思想情怀的散曲。

特风格的琵琶弹出的异域音乐——在这片异教徒①的土地上，某位不知名的塔蒂尼②或者科莱里③——会在夜晚的水面上独自吟唱，憧憬着远大前程，然后无声无息地辞世。他的制作粗糙的遗骨瓮④会与其他的人一同摆放在石穴中，成为乡村的组成部分。

可爱的鸟啊！
树荫永远是绿色的，
天空永远是清澈的，
君的歌声中从无忧愁，
一年之中从没有秋冬。

---

① 原文 Pegan，原意为不信基督教的农民，在此指不信基督教的中国人。本段表现了作者虽然身处遥远而陌生的东方古国，文化上有着巨大的陌生感，但仍然试图用自己的文化诠释所见所闻，以便西方读者理解中国文化。

② 塔蒂尼（Giuseppe Tartini, 1692—1770），意大利小提琴家、作曲家、音乐理论家。

③ 科莱里（Arcangelo Corelli, 1653—1713），意大利作曲家、小提琴家。

④ 《中日通商口岸》的作者在书中记载了毫无疑问令人惊讶的事实："占领厦门岛时代，在岩石的凹处发现一些陶罐，都是用封泥封了口的。查看这些罐子，他们发现里面都是完整的人类骨骸，每一个都仔细地装好，并且编了号码，或者用红油漆做了记号。"这些"罐子"，或者说是遗骨瓮在广东省和福建省里的一些岩石的缝隙中非常常见。这些地区的习俗是，当一具尸体被埋了10年以后，这个家里的一个男子就要把尸骨从棺材里取出来，放到这种罐子里，仔细地把每块骨头做好记号，以便重新摆放时不会弄错位置。尸骨一直放在罐子里，直到有新的棺材做好，并且找到一个改葬的吉利日子，这些尸骨会再次被放到棺材里掩埋。尸骨上总是要注上号码，因为中国人相信，如果尸骨没有摆放正确，复活时人体就会变形。然而，如果家里没有男性后嗣，或者没有男性成员有足够的兴趣和对前辈的尊敬改葬，抑或是家境不好，支付不了改葬的费用，那么，这些尸骨就只好留在这些罐子里，就像前面有学问的作者提到的那样。——原注

万石岩庙西门

我们顺流而下，经过一个幽静的地方，有些工匠正在海滩上一个偏僻的院子里组装一条小船。大树掩映下的这条小船就要出海了。船出海后的每天清晨和傍晚，船员们的妻子或未婚妻会站在海边，一起焦急地守望，就像我们国家善良的人们一样，为他们的亲人往来于辛苦和危险之中而祈祷。

向南是南泰武（Lam-ti-bu）的雕像。南泰武意为南方勇士，雄伟挺拔，头顶白云。靠我们比较近的西南方向，有几条小船和一个叫作鼓浪屿的小岛，小岛周围的礁石露出海面。在绿色的斜坡上，建有政府官员和富裕商人居住的富丽堂皇的亭台楼阁。这里有着美丽的阳台和拱形的柱廊，托斯卡纳式的柱子令人想起佛罗伦萨高耸的巨石，在冰川时代散落在那里；还让人想到，或许是强大的地震把这些石头堆积起来，把小岛向东南方向肢解开。在那些小岛上，灯塔在宽阔、平静而阴郁的海面上不知疲倦地日夜闪烁，为经过这些急流险滩的航海者发出警告。

现在，我们沿着岸边航行，准备回家。参天古木所散发出的香气和果实累累的大地使我们想起留在记忆深处的西方文明的田园风光。我不知道印度和中国的热带海洋贸易已经有多长时间了，我猜想应该有很多年了吧。从苍老的程度可以略见一斑：大堤的石缝中已生出草丛；结实的诺玛桅杆上面系的绳子已经腐朽，而桅杆已经泛出黄褐色，只有岁月才能在它们身上留下如此显著的痕迹。

那位白胡子老水手坐在灯杆附近。从他与世无争的外表和沉思的状态来看，他最后的航程和最终的守护接近了尾声。然而，他决不会舍弃这艘载他历经很多很多年的风雨和坦途的老

○ 万石岩庙另外一个景观

船。现在，船又载着他缓缓驶向其他海岸。

这里的氛围令人不禁感怀岁月的沧桑。夕阳西下，在时光的长河中做最后的漂流，随着傍晚的退潮飘出永恒的怀抱，我们会感慨世界是多么古老，人生是多么短暂，而照在我们船上的落日余晖又是多么快的转瞬即逝。

> 我爱你，夕阳！
> 你的影子卷走了夜晚的宁静，
> 偷走了我的灵魂；
> 你是崇高的，平静的，
> 像钟表一样安静，
> 像美景一样妩媚。
> 我爱你，夕阳！
> 你的光芒传递珍贵的余晖，
> 抚慰我的心灵，
> 过往的风吹过思绪的竖琴，
> 唤醒全部的心曲；
> 热情在燃烧，
> 喜悦、悲哀、希望和快乐，
> 接连不停。

我到达厦门后的一天晚上，遇见一位令人尊敬的中国绅士。他身弯如弓，头发银白，走向海关防波大堤的尽头，热切地注视着港口内的船只，然后把目光投向远方的大海。

132 | 神秘的花国

这位老人文雅而神秘，这不仅体现在他年迈的体态和容貌上，也能从他身着的那件蓝色丝织长袍斑驳的颜色中看出。他的装束与周围的肃穆环境奇特地融合在一起。

他的眼睛留意地搜索着每一艘远方的船只。看到每一艘船的轮廓，他的脸庞上都似乎闪过一丝充满希望的亲切光芒。但是，当他敏锐的双眼最终发现，他要找的一些特殊东西没有找到，明亮的眼神就像它来时那样悄然地消失，逐渐为一种平静的放弃神态所代替。最后，随着一声叹息，他转过身来折回去，消失在我的视野之外。

次日晚上，我看到他再次来此。我上前询问后得知，他每天早晚总是来此，要看看他曾经拥有的、并由他两个儿子指挥的两条船是否回来或者是否能看到。这两条船15年前或者更早的时候从厦门出发，开往附近台湾岛的高雄（旧称打狗关，Takow）港，一去杳无音信。

然而，老人还在守望着，期待着他们回来。他从没向别人讲过他的悲哀，事实上也没有人可说。没有人愿意说起这兄弟二人。人们说，他已经疯了。但是，他安静、痛苦、孤独，满怀希望却又无法走出悲伤，令人怜悯。我对他充满了同情和尊敬。我敢说，如果我们现在到中国，晚上6点在海关防波堤上，我们还是可以看见这位老先生来到这里，急切地眺望着那两条永远不会回来的船。

17世纪，厦门和我们今后会去访问的台湾岛，都被令人敬畏的著名国姓爷郑成功（Koxinga）占领。他在陆地上组织了强大的武装势力，在海上组织了舰队，并以此横扫中国海，一时间整个福建省的人都对他们顶礼膜拜。

无论是厦门还是鼓浪屿,在不同的地方,都还能看到废弃的瞭望塔、要塞和堑壕。他的墓地在厦门以南 1 英里通往安康村的路边上,整体建筑宏伟,有两个巨大的花岗岩石人,身高 10 英尺,肩宽 3 英尺;还有鞍辔华丽、体态匀称的马匹,代表坟墓的主人生前的战骑。

厦门有许多值得游览的地方,万石山、鼓浪石[①]、仙足庙适合喜爱艺术的人。厦门当地人最喜欢去的地方是塔子山,得名于当地的一座佛塔。它位于漳州河上,是座导引舰船的灯塔。喜爱运动的人可以在此打猎、捕鱼。考古学家会发现,厦门周边充满了乐趣,这里不但有着自然的山色,还有丰富的文物古迹,从中可以看到遥远的、古代文明的丰厚背景,激发对以往辉煌历史的想象。

---

① 鼓浪屿上一块知名度极高的石景。当高潮位时,海浪涌进海蚀洞,冲击鼓浪石发出如故的轰鸣声,鼓浪屿的岛名由此而来,附近的道路称为"鼓声路"。

第十六章　毒蛇的气息[1]

在中国的众多外国人之中,除了一些"中国通"外,在中国航线上航行时遇到不愉快和危险经历的人寥寥无几。大家也许会对我的经历感兴趣。我是乘坐这些看着很笨重的船去旅行的。从装备、构造还有设施来讲,它们古旧得和近2000年前马可·安东尼努斯[2]时代的古代航海家看到过的船别无二致。

我在厦门居住期间,经常去乡间打猎。有时有朋友陪伴,更多的时候是一个人去。厦门周边60英里以内的地界我都去过,最后我决定去找一些外国人很少去的狩猎场地。

我向在这种事情上公认的权威、海关游艇的船老大咨询。他热爱运动,常带我远足。然而,说起他打猎的行头,他看上去又有些危险,因为他的枪已经老掉牙了,是一把结合了老式的大口径短枪和抬枪等特点的四不像。他告诉我一个在大陆上靠近他老家的地方——沿海岸线前行70英里,位于福州和厦门

---

[1] 此文最早刊登在1894年12月12日伦敦的《环球时报》(London Globe)上。——原注。

[2] 马可·安东尼努斯·奥勒留(Marcus Antoninus Aurelius,121—180)是罗马帝国安敦尼王朝(97—192)的一位君主。

之间——那里猎物多,但猎人很少。我决定到那里碰碰运气,并且马上着手为几周的出游做准备。乘坐游艇出海历险并不安全,航线上的船也不会航行到那附近去。所以,只有两种方式,要么走陆路,翻山越岭攀登陡峭的山峰,要么走水路,乘小船过去。我选择了后者。我的仆役阿楚(Ah Chut)——他大部分时间是在家里负责家务,当然也会靠山吃山,经常用我的钱招待他的一个又一个朋友——得知我要乘船前往,他也显得很担心。当天晚上,他郑重其事地给我介绍了一个外表放荡的老恶棍,他的叔叔,或者是四表兄,他把他描述为"第一"商船的"心胸宽广且秉公办事的船长",这条船次日将运送柚子和陶器前往福州。

被称为"心胸宽广且秉公办事的船长"愿意让我搭船并把我送到目的地,他只要很少的 20 美元,后来经过 3 小时的还价,他降到 10 美元。当然我要在对我不利的还价中争取最大的好处,而阿楚肯定要从中拿到大笔佣金。

我准备好了自己的食物,包括几听肉罐头、几磅饼干和几瓶"老走私犯"牌酒;我经常靠喝这种酒来保持自己身体健康,抵御海上航行时会遇到的疾病。当一个人置身于一艘完全陌生的小船上忍受惊涛骇浪的摆布时,这些病对他来说尤其不利。

我要乘坐的那艘船的外壳应该代表一个妖怪,高高翘起的船尾是妖怪的尾巴,有眼睛的船首是它的头,桅杆和船帆是它的鳍,而它的舱房更像棺材,而不像是人住的地方。

第二天早上,我起得很早。我的窗户面对着码头,我透过窗户望去,看见"第一"商船的水手正在拉缆绳,准备起锚,其他人正在升起并弄湿三角风帆，准备趁着退潮启航。

我匆忙穿上衣服，草草吃了几口饭，和我娇小的妻子道别，她看上去心绪不宁；我和阿楚说再见，他则笑容满面。上船后，我受到"心胸宽广"的船长热情而谄媚的欢迎。他装模作样地不愿收我的钱，一个劲地冲我行礼，最终还是收下了我的船费。随后，他带我穿过一个小门，进入船尾一个异味扑鼻、洞穴一般的小舱室。这里弥漫着蟑螂味儿、鸦片味儿和熏香味儿，但他还是把这里吹嘘成船上最舒适的高级包房。

我在这个洞子里摸索了半天，才找到了我的东西。阿楚仔细地把它们藏在一盘腐烂的绳子下面，绳子盘成一个摇篮的样子，这样我就可以在那里睡觉。我着手把这个小窝弄得尽可能舒服些。一切就绪后，就听到甲板上一声巨大的锣响，我知道我们启航了。我钻出舱房来到甲板，发现这里乱乱糟糟。船长在大声地责骂，一边毫无顾忌地吐着痰、吼叫着发出命令，一边整理着缆绳，其他人效仿着。一个老水手站在船尾的尾灯边上，敲着锣，点燃炮仗供奉神像。经过其他船只时，他们也敲锣回应。他们弄的都是阴间喧闹场景，只有中国人懂得其中的奥秘。

风和日丽，海上升起了薄雾，眼前的一切风景如画。山脉连着山脉与云雾混合在一起，不同形状的蜃景在海天一色的远方消失。壮丽的景色，美不胜收。

和煦的东北风吹过来了，吹散了薄雾，很快就把我们送出了海港。它全天都陪伴着我们，让我们特别享受着温和的风力和平稳的航行。然而，临近傍晚，风力减弱，这在那边的海边上很常见。小船懒洋洋地向前走着,船帆单调地拍打着桅杆,不断发出吱吱的响声。5点钟,全体船员在甲板上坐下吃晚餐。伙食包括米饭、咸鱼、大蒜,用普通的白酒调味。他们似乎都很高兴,饭菜不多,他们却都很满足,并且津津乐道地聊着天。他们一面痴迷于插科打诨——有时还拿我取笑——一面熟练地夹起"筷子"狼吞虎咽地吃着。

我倚着船尾的栏杆欣赏着这群杂七杂八的乡下流浪者。他们黝黑的面庞上映现着落日的余晖,太阳正飞快地落下地平线。突然他们中间有个人站起来,指着大海用厦门方言喊道:"鬼船!鬼船!"

所有的人都兴奋地涌向船边,急切地眺望那个方向。东方的远处,一条折断桅杆、显然是被遗弃的船在浩瀚而平静的水面上孤独地飘着。在阴影覆盖的大海和天空之间,它看上去神秘而不可捉摸。不知是什么原因,这艘被遗弃的船正快速逼近我们,也许是因为我们的船借助退潮在向岸边快速前行。除了船长,大家都很恐慌。他粗鲁地呵斥着、命令船员敲锣并燃放爆竹。船员们奉命执行。"鬼船"一面发出使人畏惧的噪声一面靠近,一些船员由于害怕,在船尾安放了一个巨橹以保护船上人的生命。但是,要用橹推进这样一艘船是很困难的。令船上所有的人错愕的是,那艘破船渐渐地离我们越来越近。

我通常不迷信也不会无谓地紧张,但对眼前出现的这一幕令人不安的场景实在感觉不舒服。我脑海中浮现起各种不祥的事情——首先想到的就是海盗。于是,为了大家的利益,我走向船长,假装满不在乎地笑着问他,为什么不上那艘船上去看看。

"啊呀!"他叫道,为这个念头吓得发抖,"那是福州的鬼船,你想让我们都被毒蛇的气味杀死吗?"

"太糟了,我们离得太近了,跑不了了。镇定!镇定!"他继续说道,"也许,我们可以待在……"

剩下的半句话被他念念有词的咒语和爆竹声淹没了。咒语和爆竹的威力几乎把船尾崩掉。

说来奇怪,情况被他不幸言中。就在他前面说的咒语和爆竹声渐渐停息不久,那艘弃船在昏暗中从我们的视线中消失了。突然一阵风顺着缆绳把我们推向船后,这阵风随着悲哀的呜咽声消失了,但不久又响起另外一阵更长、更猛烈的尖叫声,声音在平静的海面掀起阵阵涟漪,不久声音又消失了。我们在焦虑中度过不到一小时,一阵凶猛的东北风向我们袭来,船橹丢掉了,我们被迫随波逐流。

"我们现在去哪里?"我对着船长吼道。他和另外三个人驾驶着晃晃悠悠的船,也陷入了绝望。

"向后!向后!我们真是倒霉透了!"他一边叫喊着,我们的船一边逃离"鬼船",这情形看上去很狼狈。

整整一晚上,我真是受够了,现在我想在自己的小窝里面找一个舒服的地方休息一下。让我惊讶的是,我发现其余的水手蜷缩在甲板上,在油灯昏暗的灯光下,嚼着我的饼干,抽着烟,还悄悄地嘀咕着什么。我很宽容地原谅了他们贪婪的胃口,很乐意有他们做伴。为了活跃气氛,我特地打开装威士忌的箱子,大家都咕哝着表示同意。在一个被称作水手之父、名字叫作乔波冷(Po-leung Chop)的老水手旁边蹲下,对所谓的毒蛇气味惴惴不安。这件事我听过一些，开始产生了好奇。于是，我们享受着威士忌，并且送给"心胸宽广"的船长一杯，我建议老乔给我们讲讲有关这个可怕的妖怪的所有事情。这个建议得到了大家的附和与一致赞同。这位老水手先"呷"了一口威士忌，用他粗糙的手背擦了擦嘴，开始讲故事。下面，我就把他的话尽量简短地复述一遍。

"20多年前，我是一艘福州大船的船长，往返于厦门港和汕头港，在采茶季间，到台湾跑几趟赚点钱。最后一趟航行，我们在船上装了一些贵重的物品前往汕头。船上的乘客中还有几个人是捕虎的。他们随身带了一个大笼子，里面有一条畸形的巨蟒，头上长着两只巨角。这条蟒蛇被捕虎器抓到。这些人想把它在南方卖掉，于是带着它坐船。

"一开始，我拒绝他们把这鬼玩意儿弄上船，但他们用6000块钱最终说服我并保证，如果能够出手，我能拿到我的那份钱。我最后同意了，并让人把笼子牢牢地绑在主舱口盖的后面。这是我一生中做得最糟糕的一件事，还惹出很多灾祸，使我从此厄运连连。船上装满货和一些乘客后，我请一个风水先生占卜，他依照风水[①]为我预测了出海的日期。我按他的指示准点出发，那是1867年6月13日。

"因为有毒蛇在船上，启航后，我起初还有些担心。然而，天空晴朗，微风和煦，我的担忧很快一扫而光，认为这是老天爷眷顾我们。前四天，一帆风顺，大家都很高兴。到了第五天

---

① 风和水的影响。——原注

晚上，风力减弱，乌云密布，暴风雨就要来了。我命令船员们改变航线，缩短航程，靠近陆地航行，如果有大风袭击，还可以躲避。我估计会刮西风，结果确实如此。突然间，一阵狂风向我们的船袭来，伴随着倾盆大雨，雷电交加。一些半幅的风帆被风撕成碎片，船几乎是靠船梁末端在支撑。混乱接踵而至。一个船员跑过来告诉我，装蛇的笼子被撞成了碎片，毒蛇逃进了货舱，那里主要装的是稻米。

"有一段时间，我顾不上去抓住它，因为我的船处于迷途的危险之中。风势减弱后，情况开始好转，我让人打开舱门，却找不到毒蛇。我理应将货物完璧归赵，交给汕头道台衙门的一个大官，而如果毒蛇还在里面，就会造成不可挽回的损失。没有人愿意靠近舱口去冒险，我于是悬赏 5000 元，让人下去杀蛇。重赏之下，船员中两个身体最强壮的人带着剑小心翼翼地下到货舱。

"他们下去没多久，毒蛇就向他们扑来，仰起头发出巨大的嘶嘶声，从嘴里喷出水汽。两个勇士不幸遇难。然后，毒蛇抬起带角的头，眼睛里冒着光，爬出舱门，上到甲板来了结我们的性命。但是我们没有坐以待毙，迅速放下船前方的两个舢板，乘着舢板弃大船而去。这条大船现在还在海上漂着，但愿老天爷保佑那些想要登上这条船的可怜人。"[1]

故事到此结束，老乔讲了很长时间，除了我，其他的人都

---

[1] 这个故事在福建沿海人人皆知。最奇特的是对"毒蛇气息"的盲目恐惧，没有人曾经上过或者接近过那条应该在海边上神出鬼没的福州船，就像好望角的"荷兰飞人"。——原注

睡着了。我爬到甲板上,发现我们的船在大风到来之前走得很快,已经到达厦门港附近了。"心胸宽广且秉公办事的船长"还在整理缆绳,这艘旧船能被操控得这么好,当然要归功于他。于是,我慷慨地原谅了他的很多过失,不怪他让我损失了船费,还有我本来的打猎计划。不管怎样,他让我又平安地回到了家。

第十七章　云里和他的命运

厦门因其富有，自从公元700年起就闻名天下。富有进取心的商人在那时就把触角伸向周边群岛国家的港口、印度甚至波斯。我在中国最好的、我最尊重的朋友之一就是云里（Yun Lip）[1]。他是厦门人，是一家大型茶叶商行的前任买办，最近刚刚获得"军功四品"顶戴——青金石及蓝色涅玻璃顶戴（暗蓝），在厦门郊外一所舒适的房子里过着城市退休绅士的惬意生活。他被东方各种奢华物品所包围，尤其不能不提的是家里有四位和善而娇小的小脚夫人和六位大有前途的青年才俊，这对一个传统的中国家庭来说，是恰到好处的愉悦和满足。对云里来说，尽管他与外国人打过很长时间的交道，但按中国人的方式生活仍旧是他的宗旨。他私下相信他的"多神论"，就像所有的异教徒那样[2]。我永远都觉得他既是一个纯粹的商人，也是一个可靠的朋友。我从与他的交往中获益匪浅，也得到很大乐趣。我完全相信，我对他的尊敬得到了完全的报答。我很高兴有这

---

[1] 由于众所周知的原因，我没有提供这位先生的真实姓名，"云里"不过是个绰号。——原注
[2] 详见我在第三十章的结束语。——原注

样的结果，因为云里是个"有才华的人"，他傲骨雄风，比普通的中国人在交际、道德和体质方面都略胜一筹。他身高6英尺，体形匀称。

毫无疑问，他是个英俊的人——事实上是个很厉害的人——但却像小猫一样温存。然而，他在商场上表现出完全不同的样子——他自己的内在力量支配着他，让对手在生意交往中处于劣势。但是在情场上，他十分幼稚、愚钝，容易被一只可爱的小手或者两只小脚——应该说是"金莲"——或者杏仁般的眼睛迷惑并引入歧途。这种致命的诱惑是他难以抵御的。但是，如果一个愤怒的情人前来找他说理，或者突然要求赔偿或者复仇，云里会立刻让步，如果需要的话，还会立即"躲开"，不与之纠缠。他从不问令人难堪的问题，或者与这些不好惹的人争论。他太尊重女性了，认为谨慎行事比刨根问底省事得多，尤其是他不善争论，但拔腿开溜却十分神速。

他说——或者曾经说过——他从不习惯做事半途而废，如果是打仗，他也是一战到底。然而，在这种（应付前来说理或要求赔偿或者复仇的）对抗中，要想保持"清白"，他心有余而力不足。他于是把像这样的有失体面的事情留给更适合的人来处理，相信自己的及时脱身能帮他渡过难关。我一直很欣赏他的处世哲学，还有他温顺幽默的性格。

在我与他最初交往的几个月里，他对自己以前的生活避而不谈，我对此几乎一无所知，也没有打听，因为这与我无关，也并不影响我们的友谊。有一天，我们愉快地一起散步，这次我们比平常聊得更深入，主要是谈我们的友谊。就要分手时，他说:"晚餐后,请您来我家小坐,共度一个宁静的夜晚,有些事情我也想和您聊聊。"

晚餐后,我点了支雪茄,穿过狭窄的街巷来到我朋友的家。他的家就像他个人的生活一样,完全是中式的。玻璃窗上奇怪而又不失风雅地描绘着一些图案,弧形门梁装饰过,屋顶也很华丽,这些都是典型的中式风格。房间里面,家具漂亮却有些呆板,镶嵌着大理石,同样表明了房主追求的民族风格和审美取向。

在拜访中国朋友时,我严格遵守他们繁复的礼节和习俗。在这种场合,我没有给仆人递上一张印有我名字的白色小卡片,而是小心翼翼地送上一张有我中文名字的大红纸。一俟通报,云里立刻出来礼貌而热情地欢迎我,引导我去他的客厅。这间房子与其他房子不同,完全用欧洲的家具布置。天气很冷,炉子里点着火。云里拖过两把安乐椅,我们坐得很舒服。为了更加舒适,他还要了一些加热的烈性酒,对此他特别喜欢。我们两人舒舒服服地坐下来,我准备好聆听他的故事。

"我们已经认识很长时间了,现在,我敢说,你一定注意到,我对我早年的生活总是闭口不谈。"他开始发话,看着红红的炉火,缓慢而深思熟虑地说道。"我可以诚实地告诉你,我的财产来得很诚实和体面;而且,比大多数人都要诚实和体面。我知道贫困是怎么回事,也吃过很多苦,冒过很多险。总而言之,对那些永远不要忘掉的事情,我不爱总是喋喋不休。我对自己经过长期的奋斗、战胜这么多困难和取得的成就很自豪。在上天的眷顾下,我凭借顽强的斗志取得了成功。"

"你成功的最主要原因是什么？"我问道。

"第一，就像我说的，是上天眷顾我；第二，是我母亲对我的慈爱、耐心和严格的管教，还有就是我自己喜欢独立，厌恶屈从。可以说，有可能毁了一个孩子前途的那种环境却成就了我。我一直能够把握自己——无论是早年穷困潦倒，还是后来荣华富贵时。除了爱情和友谊，我无所顾忌。

"我对童年的记忆有些模糊。单调而贫瘠的生活时常被儿童的嬉戏所打破，或者被快乐的人群和慈善演出所吸引，快乐就像阳光一样照亮了我的童年。我记得我的家是路边的一个小茅屋，我亲爱的母亲年迈体衰，却朴素而勤劳；虽然家境贫寒，但总是充满爱心，为人真诚。她见识过美好的日子，享受过富足的生活，也曾耐心地忍受过生活的苦难和贫穷。年轻时，她接受过良好的教育，并竭力将所学传授给我。受家庭熏陶，我也爱上了读书。她敦促我养成了认真学习的好习惯。

"很早以前，我就十分听话，生活节俭，辅佐母亲处理家务。她也向我灌输投资、钱的价值和等价物品的概念，例如投资1分钱比消费1元钱要好。她去世时，我大概有10岁了。那时我独自一人，身无分文，前途未卜。她去世前已经病了一些日子。她去世的那天早上，起来后喝了点粥，似乎又睡着了。我挎着篮子去捡柴火，因为我们买不起木炭。回来时，她仍然是那个姿势，我以为她还在睡。

"我把脸颊贴上她布满皱纹的额头，她的脸冰凉，我吓坏了，我才知道大事不好。奔出家门叫来两个邻居。他们来后摇摇头，又走了。任何语言都难以表达我的寂寞和悲哀。我情愿倾己所有来换取母亲没有生命的遗体陪伴我,但这是愚蠢的想法,我知道根本无法实现。为了安排她的后事,我迈着沉重的步伐以更加沉痛的心情去求教占卜先生。

"我决定为她举办一个体面的葬礼,然而她留给我的遗产只有区区 80 块钱,一点首饰,一小箱衣服,这些我现在还保存着;一些厨具和餐具,四幅字画,还有我仍保存着的一块世代相传的牌位。我把上面这些物品看作神圣的遗物,因为母亲对自己的祖先感到骄傲,我也是如此。特别是我很荣幸能够补偿他们失去的财富,修葺一块很长时间被忽视的墓地,它属于一个高贵但饱受折磨的家族。"

"但是,你是怎样开始赚钱的呢?"我问道。

"如果我告诉你,我的第一桶金来自一堆垃圾,我最初的赚钱工具是一只保存完好的空饼干桶,你会很惊讶。就像我前面说的,我决定为我母亲举办一个符合她真实地位、对得起她的善心的葬礼。我做不到,但尽力而为,通过变卖我所有的东西和她积攒的每一分钱,让她安详、体面地离开这个世界。

"我于是变得无家可归,没有朋友,也身无分文。整整三天三夜,我没有离开她的墓地。那时正是夏天,晚上也不冷,我就睡在坟墓旁边,毫不在乎睡在坟头下方一张小床上。在那里度过的几天时间,我没有感觉到特别孤独或者被遗弃,因为我有伴。但是,最后,我感觉非常悲哀,又累又饿,希望增加点体力,于是想找个地方吃点东西。

"我母亲在鼓浪屿港口的另外一侧生活过,也安葬在那里。离她祖坟不远,有一个大土堆,一些外国定居者的仆人早晨把各种各样的垃圾倒在这里。我正要走开时，一个空饼干桶引起了我的注意。我从垃圾堆里拣出来，在附近的小溪里把它冲干净。然后，我往城里走。路上，我被一个蓬头垢面的苦力追上，他扁担上挑着两个圆筐，一个筐里有瓶塞子、铁罐、铁皮、空瓶子、骨头和各种各样的垃圾；另外一个筐里有旧靴子、鞋子和其他商品。于是我判断，那些东西都具有市场价值，他会做买卖；显然，他用破旧的帽子，油乎乎的大衣换取空瓶子，然后卖掉挣钱。

"'吃饭了吗？'他蹦蹦跳跳地走上前来，以诙谐的口吻问道。看到我手中的饼干桶，他带着审视的目光扫了一眼，不经意地问，'在哪儿找来的？'

"我立刻明白了他的意思，但很机智地说，我要这个桶有用。我跟他的买卖不一样，这是真的。刚开始时，我知道，我的买卖是没有别人干过的，如果做得好，收入可观。我们很快分道扬镳。我走了一段路，看到街角有家洋铁匠铺。在撒满碎铁片的柜台后面，有个老人坐在凳子上，把马口铁剪成各种形状，然后交给坐在炉子前面的一个衣衫不整的年轻人。他接下来熟练地把平整的铁片弯成各式物品，如油灯、反光镜、过滤器、铁盒子、铁锅，然后把一些地方焊上，放在拥挤不堪的架子上，让顾客挑选。

"我递上洋铁桶要卖。老板不屑地捡起来，鸡蛋里面挑骨头，把它说得一无是处；最后只出价1分钱；我清楚，如果他出1分钱，那它肯定值2分钱；所以，我继续要高价。经过很多回合的讨价还价，我们吵得脸红脖子粗，他终于扔出2分钱给我。就在我要离开时,他把我叫了回来,又给了我5个铜板,让我再去给他找铁皮,他会给我公道的价格。

"我同意了,揣着2分硬币和5个铜板上路了,对自己的第一笔交易感到满意。我母亲总给我灌输重要的经济法则;我决定在实践中贯彻'无论存款多还是少,永远要留一半'的准则。

"于是,我用亚麻布包好1分3文,藏在我口袋底部,我还仔细看了看口袋里有没有洞。剩下的钱我可以用来买吃的。普通米饭的价格是2分半一斤,最好的是3分半到4分钱一斤[①]。我没有花这么多,只是找到路边的一个小店,第一次一个人吃了顿饭,包括一个3个铜板的小甜馒头,花同样的钱买了盆热粥,这样我还有6个铜板吃晚饭。

"我心事重重地沿路在城里漫无边际地走,盘算着我的坎坷命运。突然有个东西从我头上飞过,落在我的脚边。那是有人从窗户里面扔出的旧篮子。我捡起来,顿时脑子里面有了主意。我要捡一些今天早上碰到的那个人的篮子里面的东西。我继续瞎逛,在普通海员的'朗姆酒'厂前,看到一些刚刚流到沟里的软木塞。然后,又发现旧的黄油铁罐、牛奶罐,不到半天就攒了不少可以卖的废品。我在瞎逛时看到不少和我一样无家可归的人,有些靠智慧生活,有些靠捡破烂。我向他们学到不少有用而且无价的点子,其中一条就是让渡当票,我在没有资本前还无法做这件事。你可以唱首歌就能买张当票,以赎回典当品,然后你要紧盯着抵押品的主人。到了新年,他肯定有了点

---

① 一斤相当于一又四分之一磅。——原注

钱,你就能以较高的利润回卖给他。

"我遇到的一个老头,花了一整天捡烟头。我想弄清楚他到底拿它做什么,就一直想套他的话,但他非常警觉。我必须想办法达到目的,于是跟了他3个小时,和他一起免费乘船去厦门,直到他走进一家大型烟店。我不敢继续跟踪他,但我决定去捡些烟头然后到那里碰碰运气。

"我是个有点小聪明的孩子。我自己说服自己,花费大把时间到下水道去找烟头不过是浪费大好时光。在回家前或者至少是回到我母亲的坟墓前,我制订了一个计划并付诸实施。鼓浪屿的英国俱乐部半夜关门以后,我蹑手蹑脚地来到宽阔的走廊上,在那里找到整整3斤最优质的烟头。我在那里细心地包好,然后在1点的时候往家走。我穷得没钱买香给我母亲上坟,就在路上从每家的门口摘下一些烧了一半的香,有的只烧了一点点。

"第二天早上,我来到厦门这边。一些洋行打扫完毕后,我从尘土和垃圾中捡到很多烟头。加上我以前捡的,我在一家烟店卖了个好价钱,并从那时起成为他的常客。我很快发现,即使是碎玻璃在一些地方也能卖到8到10个铜板1斤,空的雪茄盒子卖8个铜板,旧报纸3分钱1斤,很少见的煤油桶,一个10分钱。"

"如果要我啰里啰唆地讲述我一个跑买卖的一天一天的致富过程,估计这些不会引起你的兴趣,"他总结道,"第一天是许多相同日子的开始,是勤俭、辛苦和苦工的基础。我攒了点钱后,去香港买了几辆二手的人力车,修整后,油饰一新,把它们租给两个车夫；后来又买了几辆。后来我买了小船，然后是商船；在买船的同时，我在香港荷李活大道开了当铺。我在那里的生意红火以后，就交给一个靠得住的人负责，又回到厦门来开另外一家店，生意也不错。目前，你也知道，我亲爱的朋友，我有好几条船，好几家当铺，还有大笔投在航运公司的资本。现在，咱们来杯你们外国人说的'睡前酒'。"

我于是祝云里身体健康，财运亨通。喝完酒后往家走，我变成了一个更加智慧甚至更善良的人。

我在厦门另外一个非常好的朋友是于约翰先生，一个高尚的基督徒。我第一次遇到他时，他是福州学院的一名学生。假期中，他经常与几个当地的学生来我家，我们举办文学辩论会。我的客人们才华横溢、睿智，我常常为此而着迷，并留下深刻印象。

我和于先生现在还有联系。他毕业后找到一份药剂师助手的工作。后来，他到皇家海关做内勤，现在还在那里当差，事业有成。最近他哥哥过世，照顾和打理家庭的重担就落在他的身上。除了他以外，我在这个世界上几乎找不到比他更加优秀和忠实的儿子、更加可靠的基督徒了。他弟弟现在是香港雅丽氏纪念医院（Alice Memorial Hospital）[①]的学生，和他一样优秀。我想借此机会，祝愿他们生活美满，万事如意，老有所养，对以往日子留下幸福的回忆。

[①] 现名雅丽氏何妙龄那打素医院。

第十八章 厦门和"南澳"海盗案

针对中国本国船只的海盗行为目前仍然十分盛行。我在福建的时候,那里的航线因经常发生海盗杀人越货而臭名昭著。据报道,1890年年底,一支小有规模的海盗船队在福州海域附近出没,导致邻近的几条船都被洗劫一空。

1890年8月,三个商人乘坐一条小船离开厦门附近的漳州,前往兴化购买生猪,此程耗时2到3天。起初,他们一帆风顺,在通过湄洲岛之前天气也很好。在这个岛附近,他们遭到武装海盗袭击,小船被海盗控制住,一人被害,另外两人被赶下船。这两个幸存的商人是这艘船的船主,他们苦苦求饶。不可思议的是,海盗居然没有杀他们——他们觉得,这两个人应该被饿死——于是,海盗把他们扔到一个非常偏僻的小岛上,心想,不出几天,他们不被饿死也会被晒死。

然而,他们命不该绝。在岛上的第二或者第三天,一艘迷航的渔船在返回厦门的途中,偶然看到这两个不幸的人,把他们带回厦门。他们到达后,前往道台禀报自己的遭遇。道台立刻派出炮艇"虎豹(Hu-po)"号去搜寻这些暴徒。两个生还的商人也一同出海,帮助船长搜寻事发现场和他们的船只。他们历经周折，不放过任何蛛丝马迹，但并没有发现线索，也没有看到任何可疑的船只。正当炮艇准备折返时，两个漳州人把船长的注意力引向一条小船。他们认出那是他们自己的船，当时船上两个人正摇着橹。"虎豹"炮舰上的几个兵士立刻乘坐大艇靠上去。当大艇快靠近时，几个武装人员突然从小船的舷墙后跳出，在船的一侧一字排开，摆开一副要反抗的架势，要与大艇上的士兵搏斗。然而，官府的士兵在与船上的匪徒短兵相接后便成功登船，兵不血刃，成功制服了16个亡命徒。其中的3个人辩称，他们只是乘客，并不知道自己是和海盗同处一船。然而，这些人形迹可疑，身上有很多伤疤，于是被移送官府，关在衙门里等待判决。

海盗的头头，也许由衙门"狱卒"斡旋，在他的监房里被扼死，而免于凌迟①的处罚；而一个长相最丑陋的恶棍因举报而免于一死。他说，他们不过是一个海盗团伙的掉队人员，这个团伙时常在此水域出没。剩下的11人都是声名狼藉的恶棍，罪孽深重，并且一度拒绝招供，特别是其中的4个人在最后一刻才认罪。在严刑拷打后，他们在昏迷之中从行刑台上被拖到判官的桌前，狱卒抓住犯人的手指蘸上墨汁，在死刑判决书上签字画押。

1890年9月2日星期日上午10点半，这些犯人在城门外东海滩被斩首。围观者成千上万，为防劫法场，兵士包围着犯

---

① 凌迟是中国最恐怖的一种惩罚，被惩罚的人将被千刀万剐、除去内脏。首先从额头上皮开始切开，然后剥落，皮像帘子一样在眼前悬挂着。后面还跟着各种各样的可怕的摧残生命的折磨，直到罪犯慢慢死去。——原注。

⊙ 处决"南澳"案海盗

人。据那些在现场观看行刑的外国人描述，道台主持的法场富于人情味，每个犯人配备一个行刑人，他们同时动手行刑。

1885年10月8日，"灰狗（Greyhound）"号轮船执行前往广东的常规航行，在驶离香港17英里时遭遇海盗袭击，船长塞达（Syder）被残酷杀害。从那以后到现在，发生的最令人发指、损失惨重的海盗行为就是1890年的"南澳"（Namoa）海盗案。这起令人吃惊的事件令驻华的外国人产生普遍的恐慌、悲哀。他们对普库克船长（Captain Pocock）和彼得森先生（Mr. Petersen）这两个广结良缘、备受尊重的人惨遭杀害感到愤恨。彼得森先生还是海关的官员。

1890年12月3日中午时分，德忌利士轮船公司（the Douglas, Lapraik, and Co.）"南澳"号在已故的、最受人尊重的朋友普库克船长的指挥下离开香港，前往汕头、厦门和福州，开始它的常规航行。船上有几个欧洲人，大多是华人，其中大部分是离乡多年、在美国加利福尼亚打工的福建人。他们每人都带着在异国他乡辛辛苦苦、节衣缩食挣来的血汗钱。这些可怜的人就要回到他们曾经魂牵梦绕的故乡，并将再一次与亲戚和儿时的朋友欢度即将到来的新年。

天气如同人们期待着那样晴好，轮船在平静的水面上很快加速，船上的一切都很平静而温馨。正午时分，八声钟响。其后不久，乘务员用音量巨大的盘形钟召唤船尾的人们去用餐。普库克船长把船桥交给二副负责，在后甲板上与乘客们会合，一起向下走向大厅。他们进入船舱扶梯，扶梯的顶端是船长室，有个游客指着楼梯上方陈列的来复枪和短剑对船长说，这条船的武器装备真不错。

"是啊,"可敬的船长答道,他完全没意识到即将到来的危险和死亡,"以前我们倒是需要这些武器,但是现在它们只不过是摆设。"

他们下了楼梯进入大厅,丰盛而奢华的美味佳肴在等待他们。乘客彼得森先生休完病假返回工作岗位,也在这条船上。由于身体欠安而且不习惯轮船颠簸,他没有去餐厅,而是在船尾甲板上放了一把藤椅,让服务员把饭送上来。轮机长则是依照自己的习惯在自己的房间用午餐。

甲板上除了一名马来舵手和那些在船桥上的人,其他的人基本走光了。大家都在吃饭:船长、大副和在船尾的旅客,轮机员和一般船员待在他们位于中舱的舱位里,中国船员在更前面的前甲板上;船桥上由二副负责,一个马来舵手控制着舵轮。这条船几乎是静止不动、平稳地前往汕头,预计在次日到达。

几个中国乘客此时走出中舱,似乎是漫无目标地闲逛了几分钟;其他人从舱口出来,慢慢地有四五十人上了甲板,有些人向前走到通向船员用餐舱位的舱口附近,其他人则聚集在船桥悬梯附近以及通向轮机舱和锅炉舱的门口,剩下的人埋伏在主舱口、大厅的门口和天窗的后面。

突然,有人发出信号,他们褪去宽松的外衣,这些看上去善良无邪的乘客其实都是武装分子,每人都在指定的位置上,手里拿着一把弯刀和两支左轮手枪。

前面说过,彼得森先生坐在船尾的甲板上,还没有来得及起身,就被乱枪射杀,惨死在舵手舱边上。那位马来舵手正要跑过去发警报，就被一阵毒打，倒在地上不省人事，被抛到海里。与此同时，匪徒的子弹穿过天窗扫射到楼下大厅里餐桌旁人们的身上，幸运的是，没有人受重伤。他们立刻撤退到旁边的厢房里。在轮船前部船员餐厅里的水手也遭到同样的厄运，三个人用枪顶在二副的脑门上把他带下船桥。他们知道他有保管室的钥匙，于是逼迫他打开。让他们既失望又意外的是，里面空空如也。船桥上控制舵轮的舵手多处受伤，后来不治身亡。

这艘船现在完全由海盗控制，匪首安排了一个亲信掌舵，按照他们的既定路线航行。

这些海盗都是些罪孽深重、恶贯满盈的恶棍。他们袭击这条船的计划安排得天衣无缝，实施起来按部就班。实际上，他们中的一些人曾经参加过"灰狗"海盗行动。他们凭借经验得知，控制住甲板就控制了局面。只有两到三人冒险到下面，他们走到惊恐万状的同胞中间，洗劫他们的行李，抢夺他们装着美元的小包，里面的钱都是这些可怜的人远走他乡、在漫长而寂寞的岁月里辛辛苦苦、一分一厘积攒起来的。他们被洗劫一空，只有在无助中哭泣，场面令人心碎。

匪首向在船舱大厅里的船长喊话，并说，如果他自己主动走上甲板，他们就会饶他一命，也会放船上其他人一条生路。船长的中国仆役和船员都恳求他不要离开，因为他肯定会没命。但是，船长是个有责任感的人，肩负众多旅客的重托。他朝旅客挥挥手，向甲板上走去。在就要走到扶梯顶端的那一刻，他被两边的子弹一齐射中，倒在位于扶梯顶端的船长室门外。他竭力爬进房间，关上房门。

在海盗发动第一轮攻击时，轮机长冲出自己位于前舱的舱室，奔向位于后舱的大厅，一路上他不断受到来自左右两方面的攻击。在升降口门口，他与一个身材魁梧的劫匪遭遇，后者向他盲目地扫射。他拼死穿越枪林弹雨，冲进大厅，与那里惊魂未定的人们会合。

一次又一次，海盗们试图威胁利诱乘客和船员走上甲板，但被坚决拒绝。他们用船舱当作庇护所，把自己锁在里面。海盗不愿意下去，就把甲板从上面割开。最后这些可怜的人们发现自己的藏身之处不再安全，于是纷纷走上甲板，成为海盗刀下的鱼肉。海盗命令他们站成一排，有些海盗用枪口对准他们，其他海盗则抢夺他们的财物，还肆意侮辱他们。

后来，他们都被驱赶到狭小的船长室，那里勉强装下所有的人，拥挤得快要窒息。海盗们把门窗都钉死，他们只能和可怜的船长挤在一起。他们把他抬到铺位上，他带着基督徒的坚强意志离开人世，与每个人握手告别，场面壮烈，并给几小时前才分手的、远在香港的妻儿发信告别。他在人们的眼前极度痛苦地离开了这个世界。在场的人永远不会忘记这个可怕的日子。

整个下午，这些惊恐万状的旅客与船长的尸体一起蜷缩在船长室里，时刻担心自己会末日临头。轮船改变了航向，并于晚上 8 点靠近一座小岛，两艘舢板也进入人们的视线。

随后，轮船减速、停泊，两条舢板来到轮船的两侧。海盗让一些服务员和厨师做了顿丰盛的晚饭端到后甲板，他们坐下来大快朵颐。吃完饭，他们开始商量如何处置这条船。有人建议把船烧了，让船上的乘客听天由命；其他人建议最大程度地破坏掉这条船，弄坏起锚机，让船不能抛锚，然后他们带着抢来的财物逃之夭夭。后一个方案最终被采纳了。

那些在甲板下守卫财物的海盗把战利品传送上来，成桶的银元和美元被运到舢板上。还有其他的物品，总价值达到2.5万美元。把所有物品运到舢板上后，海盗丢下一袋美元给炉膛口的司炉工——他们中的一些人无疑是海盗的同伙——然后离开大船，乘坐舢板匆忙离开，很快消失在阴暗的海面上。

海盗走后，恐惧的乘客和船员逃出被囚禁的船舱，发现了彼得森先生千疮百孔的尸体倒在血泊中，十分震惊。他们非常担心海盗会卷土重来。船员们立刻着手修理被毁坏的起锚机齿轮；还有轮机员们——其中一人在勇敢地阻挡海盗进入轮机舱时，手被子弹打伤——也走下船舱；他们很快就使一切恢复如常。在乘客的协助下，轮机员和甲板水手们团结一致，"南澳"号最后驶往香港，带着被海盗袭击的可怕消息，于午夜后不久抵达。

听到这个噩耗后，社会公众义愤填膺，纷纷给清政府施加压力，强烈要求缉拿凶手、予以法办。政府派出外国和中国的侦探决心要把这些海盗查个水落石出，让他们为自己的卑劣罪行付出代价。

香港警察侦探部门的探员斯坦顿和昆赛（Stanton and Quincey）是出了名的神勇之士和中国通——斯坦顿是个著名的东方学者和多产的中国题材作家——这种案件正是他们大显身手的时候。他们非常机智果断地追踪海盗的行迹。当时，这些海盗在登陆后就会立刻逃窜到广东省各地。然而，由于这两位经验丰富

160 | 神秘的花国

⊙ 行刑后

的侦探令人称道的努力工作，在广东附近的乡村，大多数"南澳"号海盗案中罪恶累累的匪首最终都被缉拿归案，绳之以法，在九龙城外被斩首。其中多数人于 1891 年 4 月 17 日星期一被行刑，其余的 19 人是在同年的 5 月 11 日星期二。两位侦探的工作得到了水师将军方耀（Admiral, Fong Yu）的协助。他人缘好、受人尊重，对外国人非常友善，还曾不止一次冒死单独擒拿罪犯。

"南澳"号海盗案过去后的一段时间里，中国近海航线上的船长和水手们加大防范力度，查验所有本地人的行李，以预防类似灾难再次发生。然而，案发 16 个月后，甚至当全世界都以为那次案件中的多数罪犯都已经被绳之以法了的时候，1892 年 6 月，"大都会（Cosmopolit）"号轮船在它从香港到海南岛海口——也就是我们不久后要前往的地方——的短暂航行中却险些落入海盗的魔掌。

就在"大都会"号轮船在锚地整装待发准备离开香港前不久，大买办很激动地登上轮船通知船长，他得到警报，一伙海盗已经混在乘客里面上了船。船长立刻把这个情报通知船上所有的欧洲人、水手和轮机员。他们立刻带上武器，下到中舱搜查乘客。他们找到了藏在甲板上的一些刀子和手枪，却没有找到海盗。回到甲板上，他们从一名在过道上值班的舵手那里得知，有几个华人带着加长的行李上船不久就又返回岸上。他们推断，海盗以某种方式得到了"暗示"——也许船上的水手里有他们的内线，可能就是一个未被怀疑的司炉工，一脸煤黑色的在船上徘徊，给同伙发出了信号，让他们得以及时明智地撤离以保全性命，为下一个条件更好的机会保存实力——海盗也

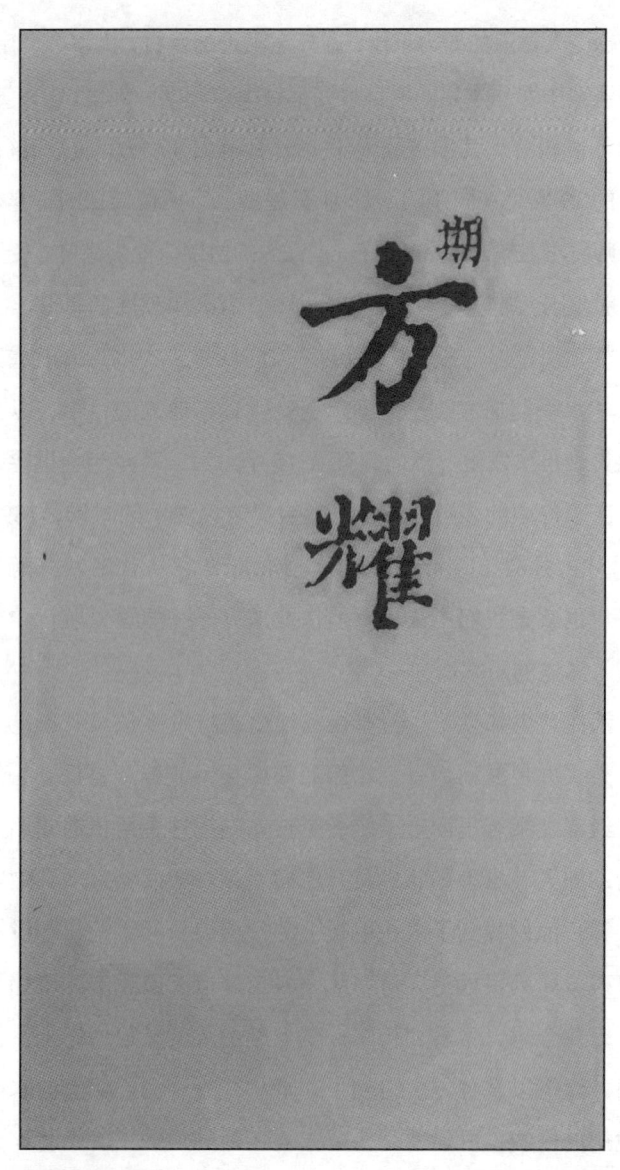

⊙ 方耀将军的名帖

许会登上一些警惕性不高、毫无防备的船上作案。这些船上的船员几乎已经遗忘了"南澳"号惨案，在这种船上，随着时间的流逝，人们对安全问题有一种虚幻感，已经变得麻痹了。这种对海盗的麻痹大意应该严格预防，因为它是人命关天的大事，放松警惕只会对海盗有利。

当铁拳追随警惕的目光出击时
它才能更加准确有力

为了使中国航线上的船只和水手安全，急需要做的和显然需要的妥善处理方式，首先是对付武装走私犯的同伙，其次是航线上滋生的大批海盗。为此，政府应该在香港沿岸相隔一定距离就建立检查站，在上船前检查所有出境的旅客和行李。作为保证，已经被查验的旅客会得到一张检查票，旅客上船交票，由船长或者大副签字后交给检查站。专为上船乘客提供的大型敞篷船也应受到可靠的政府官员的监管。这样，在旅客接受检查后，他们得到检查票允许登上这种特殊的船，被运往大轮船；而船长和大副们也会得到通知和警告，只有乘坐带有明显标志的政府船只前来的本地乘客才是安全的，可以登船。许多船长和船主都愿意支付由于这些简单但必要的防范措施产生的费用。但是，在这些严密的措施被采纳之前，我们还经常会听到一些可怕的暴行。

1890年12月3日，我接到北京的指令，前往台湾岛的淡水（Tamsui）。那里距离厦门只有24小时的航程。我定于12月

4日乘坐"海龙（Hailoong）"号轮船前往。我的几个华人朋友前来船上送行，每个人都与我话别并祝福我一帆风顺。我怀着对他们深厚的感情和对美丽港口的美好记忆怅然离开。

辞别厦门
1890年12月5日于"海龙"号上

别了，厦门！我在悲哀中离开。
在万石丛中，休眠的是我的心。
在你安静的海滩上，我度过了短暂的时光，
在有生之年会永远记得。
亲爱的，带着这些记忆，
再见了，幽静的港湾和阳光明媚的景色。
瞬间的记忆映入脑海，
用温和的光线感动以往和现在。
往日里，天上的太阳快速落山，
带来了安宁的情绪。
再见了，温暖的港湾，
里面有你往昔的船只，
还有苍老的海员，从他们的嘴唇上，
我从早到晚听见陌生而催眠的曲调，
随着大潮起伏。
再见了，半隐半现的宏大而优雅的家园，
被大自然最美丽的树叶交织着。

厌倦的眼睛和心找到了快乐的悠闲,
在大石下,在树幔旁
在靠近大海的地方。
再见了,威严的高地,
生命末日送上的花环下,
是从没有见过的花朵、被风吹过的、孤独的杉树林,
还有那精致而神圣的坟墓,
被死亡守护着。
警惕的岗哨!默默地守护吧,
直到远处高低不平的山峰,
在更远的东方,在凌晨的天空上,
永恒的生命之星冉冉升起,
以给你安息。
伟大的毁灭!我疑惑的思想经常停顿,
在你寂静的家园,在西方,
能够在平静的审视中,独自描述你,
数不尽的岁月,远远地看去,
生命会从他的来处诞生。

第十九章　淡水与基隆

"福摩萨岛",即"可爱的岛",是早年葡萄牙殖民者命名的,中国人把它称作"台湾",即"大海湾"(Great Bay)。它是东海最大的岛之一,是中国的一部分,被一条130英里宽的海峡与中国大陆隔开。岛的东部崇山峻岭、植被茂密,生活在那里的少数民族对汉人充满敌意,双方不断发生冲突。

提起这些居民,一位作家写道,"他们在很多地方被描述成食人族"①,他们的节日和迷信内容与马来人和波利尼西亚人相似。他们的崇拜仪式简单而野蛮,这种仪式在东海岛屿未开化的居民之中十分普遍。他们的崇拜偶像也很简单,只是在一个竿子上装饰有三块鹿、猪或熊的头骨,尽管很多地方的庙里只接受他们杀戮的汉人的头颅或者辫子为祭品。外出打猎时,他们比汉人更凶狠,配备了弓、箭或者汉人造的武器,他们是很厉害的猎手。然而,由于外界对这些族群缺少探索,这种探索

---

①　巴哈族(Baha tribe),现在几乎完全消失,曾经是臭名昭著的猎取人头的蛮人和食人族。华人的心脏被认为是精致的美味。作者知道几件实例。前几年,岛内的帕旺族(Paiwan tribe)在一次战役后杀死了他们的俘虏,吃了他们的肉,喝了他们的血。——原注

困难而危险，所以人们对这些族群知之甚少，即使是有过的相关记载，人们在查阅时也必须在一定程度上持保留态度，不可全信。很多原先生活在海岛西边的居民现在定居在离海边不远的地方，过着一种半开化的生活。他们外貌独特，与汉人友好相处。这些居民拥有整个平原，被认为是这个地方的主人，尽管他们实际上只占据平原很小的一部分。他们在这片土地上用汉人的传统方式耕种，而且这里村庄和乡镇的样子也和在大陆看到的一模一样。

淡水（或称"甜水"）港，只不过是个假想的名字，其真实的名字是沪尾（Horbie），即"临海"，位于海岛的西北部。海港的入口处有非常危险的沙洲，但船身吃水在13到14英尺的轮船，可以在水位高的时候进入海港。当你靠近港口时，可以看到一座荷兰式堡垒耸立在一处高山上，山上是欧洲殖民者修建的房子。人们对这座堡垒并不怎么了解，据说有一条地下通道可能连接着基隆的一处岩洞。这座堡垒已经租借给英国领事馆，英国国旗在碉堡城垛上飘扬。古老的建筑保存良好，城墙厚达10英尺。但是，城堡内部到处散发着霉味，蝙蝠在高大的房间里飞来飞去，这些房间的一部分是领事警官（Consular constable）的住处。

港口的右侧是座双峰山，后面更远的地方是淡水山，高达3000英尺。港口有条14英里长的小河源自艋舺市[①]附近的基隆峡谷，流向内陆。离开艋舺市更远一点的是台北府。这是一

[①] Banka，当地语，意指独木舟之类的小船，今名万华，为台北市发源地。

168 | 神秘的花国

⊙ 水牛

座有围墙的首府，中国的地方长官在此居住。它也靠近大稻埕（Twatutia），这里外国的茶行很著名，乌龙、膨风（Pakmo）和长青（Cha-jum）茶均产自这里[①]。

淡水周边有些相当不错的狩猎场，但这里的大水牛对外国狩猎者充满了敌意，也十分危险。这些活跃的、尽管看上去笨拙的动物嗅觉敏锐。如果一个白人站在上风处，尽管距离很远，水牛都能够辨别出他的位置。下面是我日记中的一个片段，描述了我的一次不成功的狩猎。

1891年4月16日，淡水。这真是个乏味的地方，这个季节也没有什么活动。我昨天出去狩猎。早上6点，出于活动活动的想法，我扛着我那把可靠的枪，走上一条肮脏的小路，迂回地前往"禁猎区"，那里离宽阔的沼泽地（出于礼貌，应该说是"稻田"）很远，经常有沙锥鸟和水牛出没。我从未看到过所说的这种鸟，于是把它的存在当作是传说。要说那里有水牛倒是事实，因为当我踩在一条又软又窄的泥泞的田埂上，穿过一块特别富饶的稻田时，一头看上去很壮实的水牛注意到了我的存在，并对我发生兴趣。我没有被吓得扔下枪或者发第6枪行礼，而是注视着它。我从容而专注地盯着它。它也许不习惯这种场面，试图让我占上风，大吼着向我问候。然后，它把头塞在两只前腿中间，用这种谄媚的方式迅速向我接近。我不善交际，也不想与这头水牛套近乎，于是转身就走，躲进一片竹林。

[①] 当时有所谓外商五大行：德记、怡和、美时、义和、新华利，先后来到大稻埕设立分公司，向英、美等国输出茶叶。

那头水牛有些不知所措地站在竹林外。竹林里,我打下一只怪鸟,看上去有些像麻雀。这天的战绩,击落一只鸟,来历不明;还有一只翠鸟,被打成碎片。

离开淡水 7 英里的地方,有一些优质的硫黄温泉。当地人从这些温泉中收集硫黄,制成硫黄饼出口。

淡水出口茶叶、樟脑、樟木、煤和靛青。靛青大多用船运往厦门。在台湾岛北部的蛤仔难①(Kapsulan)山上盛产黄金,但中国政府不允许它们对外开放。尽管地面已经被勘探过,经验丰富的澳大利亚和美国加利福尼亚矿主也找到一些蕴藏丰富的矿脉,但没有获准开发。一部叫作《台湾府志》的中国著作描述了古代居民从溪底采金然后融化做成金条,藏在陶罐里。此前,他们并不知道金子的价值,直到他们拿它换回衣服和日用品以后才得知。做金子交易的人肯定要比亲自去挖金子获利丰厚。

从淡水到基隆,以前是乘坐狭窄的快船,也叫作独木舟,穿越峡谷,现在则是乘坐火车。沿途变化多样的亚热带风景赏心悦目,优美的竹林在牧场里星罗棋布,树状的蕨类植物、密集的树林里和原生态、林木茂密的山峦里,不时还能瞥见一座古庙。

5 月里一个明媚的早晨,我们与朋友、台湾巡抚的秘书和翻译何九龙先生(Mr. Chew Leong Ho)一起,出发通过水路和陆路前往基隆。我们在包里装了几件生活必需品,就前往宋澹阿(Mr. Tan-ah Soon)的码头。他是淡水的船具商,也是轮船

---

① 即"噶玛兰"(Kavalan)一语的音译。台湾宜兰地区旧称蛤仔难或甲子难。

的船主。他把一艘藏红花颜色的、称作"松花（Soon-fa）"号的缆绳系在一个钉在河床泥地里的木桩上。这条船上载着一些较为贵重的新茶，被装在细长袋子里。我们11点登船，从华人旅客和货物中一路穿行，最后在船的前部坐下。我的朋友靠在围栏旁，看上去像个不寻常的船头雕饰。我则在一大卷帆脚索上铺开毯子，然后点燃一支雪茄。这似乎引起了其他旅客的浓厚兴趣。他们在甲板上聚集在一起，有的抽烟，有的抓跳蚤和其他数不清的虫子，以此来打发时间。

领航员还没有上船。过了一刻钟，来了一个看起来岁数不小的"天朝子民"。他前面的牙都掉光了。只见他跳下码头，像个幻影，又像被台风刮得东倒西歪的弹簧腿杰克[①]。他身穿一件破旧不堪的蓝色外套，像个不拘小节的醉汉，衣服上有数不清的破洞，如同气孔一样。这位就是我们的领航员。

我们现在从刚才提到的锚地解缆出发，10分钟后开始全速前进，经过了北投（Piatow），我们不久就把它和长满苔藓的、被遗弃的多德和科尔（Messrs. Dodd and Co）先生的房子远远抛在港区。这里河水渐深渐宽，是狭窄运河的末端。领航员严谨专注地待在船首的右舷。在那里，锚身在围栏的上方探出来，起到了航海罗盘的作用。这个关口风景别致。南边的悬崖高达280英尺，布满绿色的竹林和鲜花盛开的灌木丛。从南边的山坡往下走，虽然没有这么高耸却也同样翠绿，是一座古代的要塞。我们通过这里时，有一袋茶叶着了火。这是因为一位中国

[①] Spring Heeled Jack，据英国民间传说，是维多利亚时代的一个人物，以奇怪的现身方式和施展一双怪腿的能力出名。

绅士乱弹烟灰引起的。幸运的是，我们的货物中没有军火，否则这篇真实的故事也就写不出来了。

对于头等舱的乘客来说，船上的住宿条件十分简陋，那里的乘客一致同意都坐在地板上。茶叶着火后不久，有艘快艇出现在船头左舷，上面有价值昂贵的"货物"——一船年轻而标致的"天朝"女子。风力和潮汐对她们的船很不利。她们的船长已经机智地用一根竹竿把船停住了。她们非常焦急，似乎想让我们的船拖着她们走。就我自己来说，无论要我怎样帮助这些落难的年轻姑娘，我都不会拒绝；但是我们的船长，他似乎负责讨价还价，以汽车售票员的身份和她们谈判，他伸出5个手指要她们考虑一下价格。要把她们的船拖到那么远的港口，会给他这艘船的螺旋桨、用煤和他本人的脑力造成很大的负担。她们没有同意他的要价。我们的船继续向前开，船长丢下这些佳丽多少有些不情愿。她们坐在那里伤心而无助地看着我们，似乎在低声埋怨着：

怎么办呢，我们的罗盘丢了，
该如何独自渡过这未航行过的大海？

我们继续前行。风从北边刮来，领航员立刻穿上三件厚厚的外套。此时，他的一个亲戚从一块破旧的毛毯下面拿出一顶烂草帽，帽顶和破烂的帽檐上错落有致地摆着一些蛋糕。这些蛋糕看上去不怎么卫生，却吊起了"松花"号上所有人的胃口。这些美味被以很高的价格卖出去，然后被人们狼吞虎咽地吃掉。

我们看到右前方有座巨大的木桥，穿越过这座桥，下午 1 点到达大稻埕。我们下了船，在一家小店里吃了些点心。这里的店主是位生长在海峡地区的汉人，名叫赖德安（Theang Lai），是位值得尊敬也很热情的老先生。他是格莱斯顿先生[①]的崇拜者，不停地赞美他，为了格莱斯顿先生，他养成了喝香槟的习惯，并且让他的客人也如此。那天，我听他讲了很多有关格莱斯顿先生的故事，这比我在此之前、之后乃至有可能再听到的都要多得多。我们起身告辞，而这位好客的老人，毫无疑问，会继续沉浸在对我们可爱的首相的向往之中。不过我必须承认，这位老人十分精明而且热情好客，他的商店对当地人来说是个恩赐，对旅行者而言则是上帝送来的礼物。

  我感到大稻埕这座重要的城市没有什么可以大书特书的，需要记载下来的无非是这里有很多扎眼而丑陋的红砖房，茶叶箱随处可见，甚至空气里都充满了茶叶味，而且除了茶叶这里几乎没有别的。下午 3 点，我们来到火车站，花了 2 角 2 分从一个小棚子里的军人手里购买了几张车票。这可以让我们坐火车继续赶路，下车后再步行。3 点半，冒着被从车厢抛出到风景优美的稻田里的风险，我们乘车以 70 英里的时速飞快地穿过乡村。我们到达苏丁甲（Su-tin-ka），旅客们要在此换车。像其他车站一样，这座车站也很具有东方的欢快气氛，对外国人来说很有趣。它由几间竹棚和泥屋组成，疲劳的旅客可以坐在福州筒木上，只花很少的 1 角 3 分钱，即可享用粥、饼和茶水：

  [①] Glandstone（1809—1898），英国政治家，于 1868—1894 年间四度担任英国首相。

1 碗粥 ----------------------------------5 个铜板

1 碗茶 ----------------------------------3 个铜板

1 张甜饼或者一个米饭团，上面粘一种粉

　　　　----------------------------------5 个铜板

合计　----------------------------------13 个铜板

在这些棚子的对面是一个放煤的屋子和一堆废弃的枕木，一个封闭的岗亭，它的顶端有个洞，吊着一个看上去很大很威严的时钟，自从放在那里，它就没有走准过；而它继续挂在这里大概是要提醒火车司机经常查看自己的手表。等了两个小时后，我们的火车因为缺水缺煤而姗姗来迟。这期间我们有足够的时间熟悉这个多山的地方。我们登上了一节（为外国人和中国官员安排的）车厢，车上的两边和中间有长椅，窗户上有纱窗，不仅可以让空气充分流通，而且还比玻璃结实。

我们刚上车，就进来两名中国官吏。一个大声地打着哈欠，往地板上吐痰，另外一个拿起挡着车门的大石头，先用它擦了擦座位上的灰，然后就像雅各一样，把石头放下当枕头，安详地睡下了。他一路上打着呼噜，让大家都不觉得孤单。直到我们进入隧道，他睡醒了一觉，坐起身来点燃一根火柴，看看他是否是独自在黑暗里面。假如火车一直在隧道里，或许他又会进入梦乡打起呼噜。

基隆海关的房子是迄今为止那里最好的，可以远眺美丽的景色。向北方眺望，正对着走廊的是一个沙滩，层层的波浪涌向岸边，演奏着单调的音乐，退到海中去的时候，大海不声不响地伸展出浅滩和珊瑚礁，只有温和的西风吹皱了水面，在夏天温暖的日子里，营造出和谐和健康的氛围。在这里，靠近海滩的地方向大海望去，是一个白色大理石做的十字架，以纪念八位勇士。他们在一次可怕的台风中试图搭救失事船上的船员，却没有生还。他们的尸体被海浪冲上沙滩，就在现在的纪念碑附近。碑铭很简单：

在生命的旅程中，我们已告别人世
纪念英国舰船"科斯特利"号上的

皇家海军	查尔斯·加的纳上尉
乡绅、商人	格利戈
主司炉	约翰·维斯特姆兰德
前舱船长	约翰·格利戈
二等水兵	罗伯特·明戈 A.B.
	乔治·奥斯本
司炉	亨利·希金斯
	赫伯特·希蒙

1874 年 7 月 17、18 日的台风中，在台湾海面的"莱布泰克"失事中溺水身亡

这是一个环境静谧、风景优美的地方。如果知名度更高，就会有更多的厦门和上海游客来此旅游。他们通常只去烟台度假，在那里观光、洗海水浴，但那里的条件比不上基隆。在基隆为数不多的外国人中，有陆军上尉赫克特（后来去世）、彼得森船长，以及在海关工作的马丁先生和汤格森先生，他们都非

常热情好客。陡峭的、树丛掩映的山峦环抱着他们的房子，舒适而自然。这座山高达 200 英尺，山上有一条人工雕凿的 280 级台阶的阶梯，起点就在海关办公地东面几码远的地方。这些台阶通往新的堡垒（由已故的陆军上尉赫克特设计并监督施工），它可以俯瞰港口广大地区，装备有强大的火力设施，三门分别是 15、18 和 24 吨阿姆斯特朗炮和 3 门稍小的急射炮。这座堡垒就在寂静的城堡变黑的遗迹上面，并且可以俯瞰这些支离破碎的废墟。有 5 门 9 寸口径的克虏伯大炮，在 1885 年的中法战争中，曾经猛烈地向海军上将莱斯佩指挥下的"加利桑纳尔"号开火。如今，它们已经成为战争无声的残存物，和崩溃的城墙还有枪炮剩下的废铜烂铁一起败落。自从被摧毁后，除了岁月的侵蚀，再也没有人来碰过这些炮。这些变黑的城堡废墟、大炮的残骸和神秘的城墙实在值得一看。

在基隆港鸡笼（Mero）湾南的海滩上，有一个有趣的大山洞，有人认为它与淡水荷兰人修建的城堡，也就是在淡水被称作"红毛城"的城堡之间有地下通道连接。它在砂岩上的洞口高达 9 英尺，宽 5 英尺，露出以前挖掘过的痕迹。洞里面没有钟乳石，探险者只走了 700 到 800 码，然后放了一枪，从很远的地方传来回音。因此没人知道这个洞有多深，通向何方，而这正是值得仔细探索的。中国人说，有名的郑成功使用这个洞窟藏匿财宝、拘禁囚犯。

北方偏东北方向的海面上，有一座棕榈岛，守卫着海湾的大门。岛上覆盖着丰富的热带植被，而在这些植被的下面，有着西班牙城堡的废墟。这可能会引起现代旅游者的联想，令他想到并描绘出很久以前全副武装、来到异国他乡的军队被安置在碉堡上守卫。

淡水已故的港口主任史蒂文斯先生（Mr. E. Stevens）对台湾的大部分土地进行了测量，特别是淡水港，制作出一些非常有价值、真实可信的地图。按照他的地图，恰当地设置了港口的浮标和停泊链，港口近年来十分安全并且适于航行。他制作的潮汐表、标志和标尺都放在显著的地方，这对那些航行在此的船长来说具有无法估量的价值。他这样做之前，人们觉得这个港口非常危险。在台风季节，河水泛滥，泥沙俱下，常常把船卷起撞向河口的沙洲，摔成碎片。

第二十章　巡抚刘铭传和邵友濂

1886年前,台湾被大清朝廷划为福建省的一部分。住在福建首府的福州总督把台湾作为一个府来管理,每年视察一到两次。这种视察令人愉悦也能捞些外快,因为他的下属总会借机奉上白银和贵重的物品,而贫苦百姓却为此而遭到盘剥、背负沉重的赋税。

1883年[①]法中两国交恶,1884年台湾转而遭到法国人包围,他们的军队屡次企图登陆淡水和基隆。中国将领刘铭传勇敢而机智地抗击了进犯淡水的敌军,他于1885年被任命为台湾总督。在接下来的7个多事之秋,他殚精竭虑、恪尽职守,赢得了中外人士首肯,特别是那些有志于在"天朝"推广西方文明和实行工业化人士的赞扬。

刘铭传在开发台湾资源、鼓励与外国交往、采纳外国模式和发明创造等诸多方面做了大量的好事。很快,从淡水到基隆长达27英里的铁路就修通了。它由东向西横贯海岛的北部,造价为每英里500英镑。另外一条铁路最近完成,从大稻埕通往

---

① 本章节中,部分年份有误,已经按照史实修改。为方便读者阅读,不再一一注解。

南部，长约 250 英里。它与基淡线相连，同样是 3 英尺 6 英寸的窄轨铁道。与此同时，他还拥有两艘蒸汽机船，是以外国商人的名字命名的"凯斯"号和"史密斯"号，由阿姆斯特朗公司在英国制造，用于台湾岛和中国大陆之间的贸易。

中国朝廷中只有三个人曾经同时得到最高的文、武一品官职，刘铭传是其中之一。毫无疑问，这位老将军，19 世纪 50 年代，当他还是个闯荡江湖的小伙子时，曾和太平军的天王们并肩作战[①]；之后，他脱离太平军，加入了大清帝国的军队，在剿灭太平军起义的过程中声名鹊起，对北京的朝廷震动很大。他在台湾当地居民中有很高的威望。他们住在崇山峻岭、丛林茂密的台东地区，入侵者很难进入。

起初，刘铭传试图通过武力征服这些好战的"野蛮人"，频繁地派出军队想把他们置于清政府的控制之下。这些军事行动往往给他们自己带来杀身之祸，以致几乎全军覆没。1890 年年底，勇敢的老巡抚自己亲自带兵出征镇压所谓的"野蛮的叛乱者"；然而，战斗的结果令人失望，他们不得不溃败下来，在茂密的丛林中丢下 1000 多具尸体，无功而返。意识到无法征服当地居民，他于是着手安抚他们，每年赠送一些价格不贵但值得珍藏的物品，如毯子、布匹、铁锅、农具、珠子、玻璃和小装饰品等。通过谈判，他取得了樟脑的专卖权，这是一个利润很高的买卖。到目前为止，一切进展都很顺利。樟脑树都生长在原始森林地区，被砍伐后导出樟脑液出口。在台湾，每担的

[①] 作者的表述有谬误，历史上刘铭传并未参加过太平军，也就谈不上后面所说的"脱离太平军"。

价钱是 11 美元，到了香港已经升至 50 至 60 美元，再由此转卖到欧美，价格更高，利润可观。

1891 年夏季，刘铭传辞官还乡，在河南省靠近芜湖的安徽①开始了隐居生活，由邵友濂接任台湾巡抚一职。在退休时，刘铭传期望他的继任者将他开创的事业发扬光大。邵友濂长期从事外交事务，得到了中外人士的信任。

邵友濂曾经担任过崇厚的秘书，当时那位不幸的大使于 1880 年签署了中俄《里瓦几亚条约》。邵后来被任命为上海道台，也因与赫政先生（赫德爵士之弟）一起是鸦片代办而闻名，他还大力支持为几位外国人请功行赏，这些外国人曾在淡水和基隆遭受炮击期间，为清政府提供服务（其中最重要的一位是克罗马蒂先生，现任"史密斯"号的总工程师，获得了大清帝国御赐双龙宝星二等勋章）。邵友濂就任后，和他值得尊敬的前任一样，思想敏锐并具有远见卓识，处理了台湾的一些重要事务。

由于清政府的官员总是在一些奇特的噪声里穿着可笑的服饰参加大型活动，您也许会想看看有关声名显赫、位高权重的刘铭传离开台湾时的一个很权威的记录。为此，我在下面引用了我的日记：

1891 年 6 月 4 日。过去几天，如同任何高官离任时的情形，中国人都兴高采烈。但是，最终一切都渐渐归于感恩的平静，因为台湾巡抚阁下和他的随从已经踏上归途，航行在长江上。

---

① 原文不够准确。刘铭传是安徽肥西井王乡刘老圩人，还乡后在麻埠九公山（今金寨县境）建一别墅常住，名刘大坪。

送行当天的早晨天气清爽、舒适。温和的北风吹拂着大地与河流，天高云淡，气候宜人。清晨，可以看见一队士兵走出城堡向西和向北迅速行进。他们危险地斜挎着生了锈的士乃得步枪，枪托朝上；其他人则很勇敢地在明亮颜色的旗帜下步履蹒跚地前进，少数几个瘦削而勇敢的人断断续续地吹着长号，在这样一个场合完全可以给人留下严肃认真的印象。和煦的风与可怕的噪声交织在一起。这些官府的兵士在海边列队，引人注目，期待着将在一个晴朗的日子出行，而且在明早之前还有一顿饭吃。他们一边镇定自若地安排岗哨，一边向路人投放爆竹取乐。港口外，有艘装饰华丽的商船由台湾贸易公司的"凯斯"号轮船引领入港，巡抚选择这艘船离开台湾。在船上准备了隆重的欢送他的招待会，能够找到的旗子都用上了，从船头的主桅杆到船尾，从桅杆顶端到甲板，整个轮船插满了旗子。

万事俱备，一切令人满意。从买办到伙夫，所有的华人都身着节日盛装，像极乐鸟一样在甲板上跑来跑去，让人想起这样的情景：来自普利茅斯的一个机智的鞋匠，度假期间他想采访一下舰队司令。于是他来到旗舰上，当他被要求出示名片时，他让禀报的话却是：一位船主想要见舰长。

早上7点钟，岸上的士兵展开旗帜，这时英军的军旗在山上冉冉升起，飘在令人不悦的红色城堡上。从海关的旗杆开始，人群里洋溢着快乐的气氛。这段时间里，无数的、满载各类各级别官员的船只涌向"凯斯"号周围。这些神情紧张、奉迎权贵的人云集此处，为巡抚送行；他们发号施令，极度不安地在船上前后穿梭。中国的炮仗不时地从各个角落里发出嘶嘶的和震耳欲聋的响声，烧焦了一些人的头发，也让其他人为了这个不寻常的时刻挪动一下他们僵硬的腿脚。这些表现效忠和庆祝的活动得到了到场的官员们的一致许可。直到 10 点左右，道格拉斯先生公司的白色轮船下水，万人瞩目，船在河中转了一个弯，飘扬起高贵的舰旗，牵引两艘快艇和几艘小船，上面装满了各种各样焦急的大人和哭泣的儿童。

现在，岸上的那些包括长号在内的各种乐器开始狂风暴雨般地冒出各种千奇百怪的声音，同时伴有各种型号大炮发出的沉闷礼炮声，爆竹的爆炸声和各种各样危险的信号，狂暴而猛烈的鼓声令人心慌意乱，大大刺激和鼓舞了船上的令人敬畏的官员。他们声音高亢，忙乱地争先恐后挤在过道上，为每一点点地方争吵不休，用他们的扇子乱戳占领前排的人。我还从没见到中国上层里有这种秩序混乱的乌合之众。在岸上，人们可以看见一个俗丽打扮的、穿红色破旧衣服的差役骑着一匹受了惊吓的瘦马，得意扬扬地沿着海滩冲了过来。这匹马喷着鼻息，扬起一阵尘土，威胁着那些带着孩子和家畜的老百姓的安全。推测起来，这大概是个副官，给淡水军队的总司令带来急件，建议最远方的军队的军官立刻点燃焰火。

可怜的人们，他们在这种欢庆的场合极度兴奋，而士兵们，那些可怜而顽皮的孩子们一定要很耐心地等待开饭。

上面提到的快艇和小船适时地到达轮船的两侧。人们开始小声地议论，此时只见年迈的巡抚走上过道的梯子，受到几个高官的迎接。巡抚是一个高个子，有着黑色胡须，看上去精明、威严。那些"小鱼们"，也就是那些地位低下的官员，怡然自得地站在甲板上挖着鼻孔。然而为了他们的名誉和前程,这些毛病都得改掉。

直到巡抚进入大会客室,人们才停止叩头。他与几位外国人见面,并和他们交谈了一会儿。一群好奇的官员和衙门跑腿的挡住了门窗,形成一个看上去很别扭的人墙。在这些人的边上,几个穿着入时的厨师、能干的海员、卖蛋糕的在附近转悠,想从人缝中看一眼里面。人群逐渐散去。轮船开走了。台湾历史上一个非常难忘的事件结束了。

淡水周边多山,而且大多数地方林木茂盛,我也很喜欢狩猎,比如打野鸭子和沙锥鸟。然而,这里夏天流行疟疾,这种致命的疾病能置人于死地。由于这种不健康的气候,当我在这里生活了11个月之后可以转岗离开时,我感到极度兴奋。1891年11月,我妻子和我搭乘"台湾"号前往海南岛的海口。

告别台湾

1891年11月25日,"台湾"号上

再见了,台湾!春光明媚的小岛。
童话中的金山,
喔,为了尚未开采的无尽的宝藏,
为了你给我们的记忆,
留下来都还没有讲。
再见了,淡水!海边的小镇,

菩提树下，
它的叶子编织着绿色的长袍，
美丽而病态，
隐藏在折叠中。
再见了，寂寞的山岗，铺满森林的山坡，
带着白天灿烂的笑容。
已经长久被遗忘的名字，
仍然被镌刻在路旁的书页①上，
白云从此穿过。
再见了，红色的堡垒！
再也不会有被放逐的岗哨，
在那些城楼上的令人焦虑的时间里，
在其他人和衣而睡的时候，
孤独地守夜。
延平郡王②的战船不再出现，
在黑色的海岸线上，
在夜空星星之上，
他们血腥的武器放着光。
因为他们已经离开了，消失了，
但他们时代的残屑还在冷冷地观望。
老舞台不断变换着新的风景，
主人公却已经化为灰烬。

---

① 山坡上布满了坟墓。——原注
② 即郑成功。

第二十一章　出海

德忌利士洋行的轮船"台湾"号登出广告，1891年11月24日星期二下午4点半，从淡水经厦门和汕头开往香港。连日强劲的东北风导致出海口海浪滔天，但这并没有使我们勇敢的船长却步。他从不犹豫，已经做好了开船的准备。指定的开船时间一到，船上的螺旋桨便开始"倒轮和加油"——这让那几艘停靠在轮船附近的小船上的船主颇为不满——然而却能够让轮机员彻底地信服，发动机工作正常；同时，也告诉船上的闲荡者、卖蛋糕的人，船要开了。

随即，船尾上飘着明黄色龙旗的海关船只出现在视野中并向大船驶来。这艘海关巡查船的船长查阅了我们这艘船的文件，宣布轮船"已清关"，可以出港。汽笛响起，而那些闲散人员也一边吵嚷着，一边睁大眼睛迅速地"扫荡"轮船的边边角角。可是这一切对我们的舵手却丝毫不起作用，他一直在忙着测量狂暴的海浪。他严肃地宣布，风急浪大，不宜出海。

整个晚上风越刮越大，丝毫不见减弱，这种态势一直延续到27日清晨。尽管风大浪高，中国的舵手也不赞同出海，但船长仍然决定出发。轮船于是在晚上7点30分启航，我们很快就来到一道白色泡沫线①前,这里令人恐惧,是经常置人于死地的鬼门关。

一声巨雷在低空炸响,一道顶端是白色的巨浪伴随着似乎和缓但令人吃惊的巨响震撼着船上的人,这是我们这些懒人收到的关于船靠近出海口沙洲的第一个警告。船剧烈颠簸了两次。见此情形,我可以诚实地说,我麻利地"套上"衣服,来不及上完厕所就冲上甲板,既表现出关心也透着满不在乎。我发现,出海口沙洲的实际位置离我们还有40到50英尺,看上去令人不安。我立刻要了杯咖啡,配上提神的轩尼诗"三星"奶油。在进一步确认轮船将返回淡水之后,我舒了一口气。我们将在那里吃早饭。大船在窄小的浅滩折返的时候,条件很差也很危险,然而杰出的船长却显示出了他熟练的操作技巧。

在整整一天里,狂风大作,风向从东北转成正北,间或伴有暴风。下午,我们应莱弗勒船长(Captain Leffler)邀请,登上"史密斯"号,它与"凯斯"号和"台湾"号一起被恶浪耽搁数日。我们在"史密斯"号上欣赏着音乐,度过了一个美好的下午。乘客中的彭先生娴熟地演奏了自己创作的钢琴作品,令我们着迷。

我们很晚才回到"台湾"号上吃晚饭,然后与霍尔船长(Captain Hall)神聊了一晚上。在经过这段风高浪急的整个航线时,船长不仅专心倾听、热情好客、彬彬有礼,而且也会逗人开心,使我们重获信心,赢得了我们的尊敬。如同我以前说

---

① 白色泡沫线下就是所谓的海底山脊。——原注

过的那样，中国航线上的船长勤劳苦干，热情周到，从不因为天气和风向的变化而改变自己。

第二天，11月28日，"台湾"号轮船再次启航。早上8点，它与"凯斯"号一起出港，那些菩提树掩映着的乡间小屋，还有那耸立在山顶的红毛城，瞬间就被甩在船后，淡出了我们的视线，而此情此景很多天以后在千里之外仍常常浮现在我的脑海里。

在通过出海口的沙洲之前，"凯斯"号比"台湾"号要略微靠前一些，而沙洲附近有些地方依然是"浪涛汹涌"，令人不安。"凯斯"号在这里剧烈地颠簸了一两下，碰撞在海底山脊上。当我们的船迅速接近它的侧后部时，"凯斯"号又突然变得平稳了。紧接着，我们的船突然侧倾了一下，发出巨大的撞击声。在这个生死攸关的时刻，霍尔船长敏捷而娴熟地操作，扭转了局面。当时，两艘船相距仅40英尺，如果两船"追尾"就会被撞成碎片，这并非危言耸听。我与霍尔船长一起站在船桥上，由于在海上混了几年，我深知我们所处的险境。但是他依然镇定自若地站着，一手放在轮机舱的电报机上，一面紧盯着另外一艘船。然后，他的手移向把柄，电铃响起。

"全速前进""右满舵"等指令迅速发出。尽管我们的船慢慢脱离险境，但还有飘到下风处的危险。于是，船长又发出指令，"全速前进""左满舵"。我们渐入佳境，超越了"凯斯"号。它不久就和我们分道而行，向北驶去，前往上海；而我们则向西行，不久就改变航向为西偏南。陆地逐渐在视野中消失，风越刮越猛，浪也越来越大。船首三角帆、前桅中桅的帆、前桅中的大帆、前面的和主要的斜行帆都升起来了。凭借着风力,"台湾"号全速前进,每小时 12 海里。尽管海流湍急,它仍然表现不凡,显示出很强的优势和良好的品质。我可以放心地说,前往中国南部港口的旅客,乘坐德忌利士洋行的轮船是最安全和舒适的;如果是前往上海以北的港口,则推荐你选择中国轮船招商局的船。

下午 5 点钟,站在右舷梁上,我们可以看见远方乌坵屿(Ockseu Island)上的灯光。这时,我们已经经历了几次狂风和落雨。我们的船 10 点钟经过了零星的岛屿。当我们靠近陆地时,大海变得平静,乘客们晚上可以好好休息一下了,只是在夜里 12 点 14 分被令人高兴的、在厦门外港抛锚声打断了。到此为止,我们的船历经艰险,经过 16 小时 15 分钟巧妙的航行,航程 190 英里,顺利抵达目的地厦门。

星期日过得安静而平淡。星期一港口张灯结彩,很多船上都挂出旗语祝贺一位年轻的女士和她的郎君新婚。新郎是"塞巴斯蒂安-巴赫"号的船长——他们下午 3 点 30 分在鼓浪屿协和教堂(Union Church)完婚。

在厦门,我能够体会到人们的兴奋和感激之情。一些受哥老会(Kolao Hwei)[①]唆使而发生的暴乱威胁到厦门,并从西到东蔓延,所到之处大肆掠夺和破坏。在道台的支持下,当地官员的威慑迫使他们改变计划,抑制了事态的进一步恶化。一切似乎又平静下来。然而一艘军舰会给人们带来安全感,这是当

---

① 起源于湖南、湖北的秘密结社组织。

地的外国居民常常感受不到的。

11月30日下午4点,"台湾"号再次启航前往汕头和香港。我们的船全速前进,不久就把美丽的厦门甩在船尾,进入仍受强大东北风困扰的深海。刚刚刮来的一阵大风掀起的巨浪把我们向南推进,使轮船动荡不定。我们的航向是西偏南,在这个航线上,凌晨0点45分可以看到东澎岛灯塔(Lammocks Light)。1点45分改为西偏南航向,经过了向南一又二分之一英里,我们经过了灯塔。这时,发动机改为半速。天很黑,我们处于航线上十分危险的地段,到处是礁石,没有灯光标识。现在,跟在我们后面有一阵子的太古洋行公司的一艘轮船从我们的右舷甲板一侧超出,不过,却比我们晚了一到两个小时才抵达汕头。

凌晨2点30分,海角的航标灯出现在我们的正前方。在2点时,从西北方经过鹿屿灯塔(Sugar Loaf Light,即德州灯塔)。凌晨4点30分,刮起了一阵东北大风,伴随着我们走完航程。天空阴云密布,轮船减慢速度,直到我们经过表角(the Cape of Good Hope)[①]。我们再次全速前进,早上6点55分抵达汕头。这次航行共耗时14小时55分钟。白天里,船上没有什么事情要做,下午三副和一个轮机员沿河上行,寻找赌博的地方,晚上满载而归。

汕头位于广东省边境上,在广州东北213英里,因为与额尔金伯爵签订的《天津条约》而被迫开放通商。汕头是重要商业城市潮州府(Chao-chou-fu)的航运站,香港的一些大公司

---

① 位于汕头港达濠半岛广澳角,是进出汕头港外航道的重要助航标志。

都在此开设代理处,大豆和豆饼从烟台和营口运往此地,糖和柑橘从这里运出。

汕头的劳工被通过轮船运往新加坡和曼谷,在那里的种植园劳作。在苏门答腊的荷兰种植园主反复尝试建立这种从汕头、厦门到德里之间的直线运输,但是最终没有成功。因为德里的气候非常恶劣,被称为华人的坟墓。华人劳工对到那里生活感到畏惧,而去的人则没有几个能回来。因此,在许多情况下,种植园主和托运人采取邪恶和非法的手段,常常以300到400美元得到一个成年男性。他们误导可怜的华人,事实上是绑架他们。厦门和汕头是移居外国的华人最多的地方。

汕头的景色和马路十分独特,但是要想知道它到底是什么样子,还是需要上岸一探究竟。对于外人来说,港口的景象没有什么魅力。夜里,我们的轮船停留在港内。第二天,我们的船装载了很多货物——大部分是装在木盆里未加工的蜜糖。下午4点,一切就绪,按照惯例作了启航前的"清关"准备后,我们就启航,并很快就加速前往香港,并于次日早上8点抵达。此行令人非常愉快,也让我们获益匪浅,这些都有赖于船长和船员的专心致志操作,他们对客人彬彬有礼,热情好客。

那天晚上,我住在日后还要去访问的香港;第二天登上法国邮船公司的轮船"海防(Haiphong)"号前往海口。

第二十二章　在海口与琼州的日子

从香港启程后，经过18小时的轻松而顺利的航行，"海防"号到达海南岛。在上岸的时候，我遭遇了此行中最窝心的事情。

锚碇刚刚触到海底，大约50条小船就蜂拥而至。他们好像要以卵击石，冲上来在我们的铁船帮上试一试他们木船的牢固程度。但是这并不是他们的初衷，因为他们的船在接近我们大船的时候，突然调转船头，好像绕着枢轴似的转动。我很快发现其中的秘密，在这种乘风航行的情况下需要急停，他们完全依靠结实的船底中心移动船板来完成这个动作。我招呼了其中的一个船老大，伸出5个手指做着讨价手势，用"洋泾浜"英语问他，如果把我、妻子和行李送到海口，需要多少钱。

他伸出10个肮脏的手指，嘴里蹦出"大洋"这个词，我不假思索地拒绝了。他很厌恶地转身离开我，送给我一些"称赞性"的绰号，幸好我听不懂。毫无疑问，他肯定认为自己是个善良、诚实的人，因为他很快就回来，油乎乎的脸上挂着和蔼的笑容，开玩笑似的在我鼻子下面伸出六个手指。这次，我很不耐烦地扭过身。这位可敬的人和来帮忙的船夫大叫"天哪！"显然，船老大在讨价还价中已经不占上风。

192 | 神秘的花国

⊙ 海口庙门

结果，经过几轮你来我往的还价，中间还说了不少像"老天爷"这样惊叹钱太少的话，他们同意收 2 块大洋把我们和行李送到海口。这是原来要价的五分之一，比我应付的多一块钱。我们在讨价还价时，正赶上退潮，结果我们落在了所谓的沙嘴里，水位已经到了最低点，我们只能在水深 2 到 12 英寸的泥泞中行走 3 英里，后来的水位都降到了只有当地的船夫才知晓的、纵横交错的水沟里。

在经过这些泥泞的浅滩时，能够看到一群又一群在海滩上捡拾鱼虾的人们不停地来回走着。他们神情淡然，看上去既耐心又可怜，充满期待，却又是一副听天由命的样子。我们到达第一座"炮台"时，可敬的导游把这十分陈旧、一半荒废、守卫着河道的古旧城堡比作忧郁天空中褪去的最后光彩。经过另外一个正在坍塌的城堡后，我们最终来到海关。这是一所十分不起眼的、昏暗的中式老房子，建筑日期不详。我在这里遇到了一位显然是荷兰后裔的先生。他微笑着告诉我，他是这里的代理税务司和总巡。在通报了这些重要的信息后，他把两个大拇指插在马甲的两侧，带着自己职位的自豪感，用洪亮的、给人留下深刻印象的声音对几个受了惊吓的、来为我帮忙的船夫吆喝着。这位好客的、突然被从一个一级海关监察员的下级职位调到目前这个职位的代理税务司带我去我的住处，这是税务司专门为我准备的岗位。

然而，要到达那里就得穿过一条曲折狭窄、臭气熏天的街道。那里人们的裤脚似乎都能吸引很多穷凶极恶的饿狗，我经过的时候它们狂吠不止，充满了敌意。

⊙ 中国宝塔

海口是海南首府琼州的港口城市，两座城市都向外国人开放通商。琼州是道台居住的地方，是当地政府所在地，还管辖着海峡对面的雷州半岛。海口于1876年8月对外通商，也是中国所有通商口岸里最南端的口岸。

海岛内部居住的都是黎族人，在排斥汉人方面与台湾的少数民族相像。对汉人来说，他们令人头疼。汉人曾经对他们发动过几次军事围剿，但都遭到了不光彩的失败。海南岛出口糖、甘薯、水稻、烟草、木材和生猪；进口鸦片、棉花和丝绸制品、煤油和药品。下面是已故的科林·贾米森先生（海关税务司）1881年的报告：

对于未来，可以完全有信心地预测，这里的商业有发展的潜力。如果能够维持局势平静，经过一段时间，可以大规模种植本国的农产品，从无到有——随着出口的不断增长——实现更广泛的对外贸易。与此同时，由于海南其他口岸尚未开放通商，进出口货物会越来越多地汇聚到海口，这是因为装载进出口货物的外国货轮比本地货轮通常会更为人们所认可。海口还有一个优势，它是海南的一条主要河流博（北）冲河（Pochung-ho）[①]的出海口，发源于黎母山（Limushan），船只以12到15英寸的吃水深度从入海口航行60英里即可到达这里。不过也应该提到，由于从锚地到岸边的港口浅滩之间是一片缓慢而不断增长的泥地，小型货船在退潮时被限制来往。也许在不远的将

---

① 海南第一大河南渡河的一段，见雍正初修《大清一统志》。

来会有办法解决这个难题。1875年，中国商人捐款疏浚以前连接通向入海口的主要河流的航道，主要目的是使上游的船在到达和离开海口时不需要绕道白沙（Baksha）。然而，航道刚挖开就又淤塞了，最后工程被迫下马——让船在高水位只前进几英寸于事无补。外国的设计师很可能会设计简单的开凿和维修航道的方案，很可能增加冲刷海口河、阻断在入海口形成的淤泥。但是无论港口的商业前景如何，这儿恐怕都不是外国商人的乐土。大宗贸易会掌握在本地公司和他们香港代理的手中，香港与海口之间的贸易通过他们来流通。货物是这样，装运货物的船只也是这样。那些挂着外国国旗的船只鲜有例外，老板都是华人或者被华人包租，都要装运中国货物。

海口以生产超长而结实的竹绳和缆绳闻名于世。它们都是在沿着河流、穿过城镇的大街上制造的。人们把大捆的竹子从附近的农村运过来，把每棵竹子劈成很细的、很柔软的竹丝，那些做贸易的人知道应该做成什么样子。然后，把这些细竹丝按照不同的粗细要求捻成不同型号的绳子。竹绳子捻好后，就把它们的两端固定在绞机上，分开转动的绳子会绞到一起去，这样绳子就做好了。最后还要用绞盘这样的手工方式加强绳子的牢固程度。

那时海口只有12个外国人居住，我发现那里的生活极端乏味。他们在经过长时间缺乏社交的生活后变得怪癖和愤世嫉俗，而在这样一个被世界遗忘的荒野，人们需要社交而使生活更丰富多彩。唯一的能够改变一成不变的生活，就是在晴朗的日子造访 5 英里以外琼州的内陆城市，那里有一个美国新教海南差会。这个差会由独立传教士贾梅森（Mr. Jeremiassen）于 1881 年建立。1885 年，他加入了美国传教团，他的有价值的工作也被纳入其中。

我在琼州海岛上生活的后半部分是住在传教士医生的家里，他使我挺过了两次肺炎和肺气肿。我到首府都是坐轿，往返需要 6 角到 1 元墨西哥鹰洋，单程减半。

你迈进轿子，拉上帘子，挡住那些令人作呕的味道，待在里面自成一统，十分钟后你就来到了一座古镇。轿夫肩扛着沉重的轿杆，脚上迈着轻快的步伐，显示出力大无比的样子。他们跨过丘陵和小溪，顽强地向上迈进。只有在登山时，轿夫的步子才显示出疲惫，但仍是一鼓作气到达终点。

头三英里路穿过波浪起伏的、精心耕作的田地，经过"五棵棕榈"（"Five-Palms"）后，剩下的两英里道路则要穿越一片广阔墓地。这个很远就能看到的地标"五棵棕榈"仍然被这么称呼着，尽管只剩下四棵树矗立在那里，第五棵几年前被台风刮倒了。在这片墓地上布满了一代又一代死去的富人和穷人的 Ω 形状的坟墓。有几个早期的耶稣会士的古墓竖立其中，他们高尚和英雄的精神广为流传，被谦卑、虔诚和仁爱的乡下人所牢记，使这块有着被遗忘墓地的树林更加神圣。

当你经过一条相当小的绿色小径，路两旁的竹子、棕榈树和其他热带绿色植被使小路生机盎然。然后，从这条绿树成荫的路上，你会看到与众不同的、爬满枝藤的琼州城墙，据说是 1000 年前修建的。城墙古老而雄伟，散发着令人浮想联翩的古

⊙ 打场

香古色。城墙高 45 到 50 英尺，宽度可以容纳 4 到 5 人在上面散步。从城墙的一侧向下俯瞰，这座幽静的城市寄居在一片郁郁葱葱、围墙环绕的山谷里。从另一侧可看到它超凡脱俗的风景，众多宝塔点缀其中，远处是泛着波光的大海。你会真正感觉到，自己好像也生活在古代那遥远的日子里。

当我离开海口到琼州与传教士会面时，我告诉轿夫去麦坎德利斯教士（Missionary McCandliss）那里。他们点点头，便迈开轻快的步伐上路。城东门那里有两门古老的大炮守卫着通道。他们进城后不久就走上一条更宽些的街道，最后向右拐进一个院子里，在一个涂成红色的神像前把我放下。我马上意识到，他们错把我当成观光客了。我立刻向他们表示异议，直到他们中的一个，如我猜测的那样，打开木制的旁门，引导我来到其他外国人中间。

走到里面，我不无惊喜地发现一个漂亮的、鲜花装饰的走廊，对面的大房间装有白色门帘的大门友好地敞开着；这真是一个令人愉悦的神奇景象！一个美丽的欧洲金发女郎正坐在那里做针线活，旁边一个健康活泼的小男孩在玩耍。很快，我得知，这位就是麦坎德利斯夫人，她热情而诚挚地欢迎我，如同她繁忙而勤勉的丈夫后来三番五次地欢迎我那样。她的丈夫是名医生，有效地管理着一所教会医院。他回家后带我巡视一周。"你看，"他说，"我们已经尽可能地把这座中国古庙维护好了；但不幸的是，中国人反对任何外国人插手的改造——番鬼，也就是'洋鬼子'，他们这么称呼我们——会给他们带来厄运。我费了很大周折，他们才同意我在楼上卧室安装两扇窗户。但我希望我们很快会开工建造自己的房子。我们已经购买了土地，

⊙ 脱粒

但中国官员认为,在我们将来的建筑物旁修建一个大型的火药库并无大碍。这是我们目前所能做到的,但是我们要相信上帝。"

"还要为火药库的安宁祈祷。"我斗胆建议。

麦坎德利斯夫妇和另外两个家庭辛勤工作,特别是麦坎德利斯先生因为在黎族县城巡视而不能到场,那里正处于宗教转型期;那里的人如同台湾当地居民一样,已经部分接纳了汉人的神灵崇拜。

琼州城的西城墙外景色如画。一座美丽而精心装饰的庙宇已经落成,以纪念著名诗人和历史学家苏东坡。他曾在此度过多年的枯燥乏味的流放生涯,受到了海南穷苦百姓的爱戴和尊敬。他掌管朝廷下属的分支机构期间,和当地百姓同吃同住,情同手足。

那的确是我在琼州度过的安静而快乐的日子。当我身体好转后,善良的医生和他年轻而娇媚的妻子常常带我出去到周边名胜野餐和郊游。每个晚上喝晚茶时,他们都要让人把我的长藤椅搬上青草覆盖的城墙,在那里一睹夕阳西下的壮景。可敬的医生离开去医院探视当地的病人时,他的妻子会为我读书。这看起来有些奇特,坐在那远离尘世的偏远地方,与一位美丽而多才多艺的美国女士在一个遥远的帝国相处,这像是我们两人被丢在了其他人的后面,或者是重新生活在遥远文明的奇迹中。我们甚至已经穿越时空,生活在未来的时代。婀娜多姿的她与周边古老的粉墙、庙宇形成如此大的反差,而这绝佳夜晚的静谧营造了旧世界的脱俗美。在我们的下方,在长满常青藤的墙外,有一段护城河,河边有一段小路,穿越一条林木茂盛的道路和一片风景如画的乡村,中间有条宽宽的小溪崎岖蜿蜒。在这周围,一座古老的宝塔映现出严酷与灰白,有稀奇古怪的庙顶和神祠,有闪亮的树叶和优美的竹林。在波浪起伏的林木和田野的远方,在绿色的牧场和稻田的尽头,夕阳的余晖抑或慢慢地隐退在紫色的薄雾之间,抑或沉入闪闪发光的大海之中。

我们的生活中总有一些忘不了的篇章,在海南的日子就是我生活中最快乐的。在这座被世界遗忘的城市里,这个美丽的女子认真地为我讲述着美好的故事,这一切在我的记忆中留下深深的烙印。每当我坐下来聆听她的讲述,一股平和宁静的感觉便会席卷而来。我相信,如果我们今后不能再见面,她也许会阅读这段文字,并知道我感激地记住了那些在古老琼州短暂而神圣的日子。我经常会想象带有护城河环绕的城墙和浪漫的景色,并且很想探知她现在是否还独自坐在黄昏之中。

那是拥有我记忆的粉墙,
旧世界的景象和黄昏的梦境。
我想知道今晚落日的余晖,
是否在那古老的寺庙与她的目光相遇。
或是当它们照亮了神圣的宝塔的塔尖时——
她是否会站在那里赞叹这美妙的景致;
它们是否会不知何故投射在她身上,
如同它们逗留在地平线边缘的那最后一刻——
朝着那个久远的世界偷偷瞄上一眼,
那个如此困扰我们的模糊世界。

第二十三章　诗人苏东坡

历史总是重复自己：天才在任何条件下都是天才，即使孕育他精神的灵魂被囚禁在异国的土地上。暴政统治下的动乱、逆境和灾祸导致天才的囚禁、疾病和放逐，在任何年代似乎都只会加强而不是削减天才的力量和雄心；因为孤独产生力量。最伟大的作品常常在最痛苦和最悲伤的时候被创作出来。真正天才的灵魂超越了短暂的快乐与痛苦和"对生活相对平庸的满足"，直至达到自己的精神世界。在那里，只有精神的交流，这种隐秘的交流往往能够产生不朽的作品。

为了支持我的论断，我举几个例子加以说明：巴克斯特（Baxter）被囚禁在国王苯奇监狱期间，创作了《生活与时代》(Life and Times) 中的绝大部分；拉雷（Raleigh）被囚禁在城堡期间，撰写了《世界历史》(History of the World)；班扬（Bunyan）躺在贝德福德监狱里创作了《圣战》(Holy War)；笛福的《鲁滨逊漂流记》也是在类似的情况下创作完成的。贾梅士（Camoens）被囚禁在澳门时创作了他的《葡国颂》(Lusciad)；布坎南（Buchanan）被囚禁在葡萄牙修道院期间创作了他优美的《圣歌诠释》(Paraphrases of the Psalms)；西尔瓦·佩利科（Silvio Pellico）被关在摩拉维亚地牢里时撰写了他著名的《论文集》(Memoirs)。我可以列举不同国家的其他天才，不过我想在这位格外有天分、却受到迫害的中国诗人和历史学家苏东坡这里适时地结束我的列举。海南岛人民对这位宋朝的伟大天才充满爱戴和怀念之情，他给海南岛这片土地带来了美丽的光环，人们将他默默地铭记在心。

苏子瞻，后来人们都称呼他苏东坡，于1037年生于四川，其父获得很高的文学成就并且担任政府要职；东坡是长子，早年师从道士。由于父亲外出，他的母亲，一个有教养、多才多艺、举止文雅的妇女，给他的两个儿子讲述了包括古代和现代历史的课程。她还教育他们要忠诚、仁爱。

东坡19岁时结婚，11年[①]后他成为鳏夫。21岁时进京赶考。考官对他的答卷水平之高大为惊讶，怀疑他得到了高人的指点，然而并无此事。在其后的一系列考试中，他脱颖而出，勇拔头筹，被认为是当时的最有前途的青年才俊之一。

中年时，他又娶了一位祖籍在杭州附近、迷人而有教养、名叫朝云[②]的姑娘。他在官府里担任一个小官。对苏东坡早有耳闻的宋神宗继位后，他被委任在京城做高官。这时，位高权重的王安石推行了几项改革措施。苏东坡对此表示异议，在向皇帝禀报此事时——作为被皇帝委任负责事务禀报的官员之一——他冒犯

[①] 本章节中，部分年份有误，已经按照史实修改。为方便读者阅读，不再一一注解。

[②] 王朝云，字子霞，浙江钱塘人，东坡侍妾，1094年随苏东坡谪居惠州，第三年亡故并葬于惠州。

了王安石及其追随者，并最终引发他们的敌意。这些人当时形成了一个很有影响的团体。不久以后，东坡察觉到形势对他十分不利，甚至已经产生了威胁，于是决定从京城隐退，来到杭州待了3年，在一个小职位上尽责地当差。在杭州，他利用闲暇时间写了优雅的诗篇，阅读了名著。他因自己的慷慨和诚实受到周围人的爱戴，事实上，无论富人还是穷人都喜爱他。

然而，虎视眈眈的对手甚至不允许他在杭州蛰居。他们一直在找他的麻烦，对他越来越感到愤怒，并想要报复他。但他们就是挑不出他的毛病，也无法加罪于他。因为苏东坡是个诚实的人，意志坚强，是道德楷模。

1079年，他被提拔转往湖州。在向皇帝递交《湖州谢上表》时，朝廷的一个监察御史[①]——他是王安石的朋党——曲解文意，造成他犯上的假象。倒霉的苏东坡被投入监狱。

经过百日监禁，他被流放黄州，在那里待了几年。在黄州，他写下了自己最好的诗歌和散文，如他所说，"全身心投入古典文学的精神世界"。

1086年，与他政见不同的王安石过世，他随即被召回京城，受到皇帝的宽恕，官复原职。没过多久，在他的恳切要求下，被委任杭州太守。前往履新时，他得到皇帝的一些华丽礼物。杭州善良的百姓仍然在怀念和爱戴他，高兴地欢迎他重归以前曾经生

[①] 朝廷检察官也是朝廷的历史学家，令人敬畏。——原注

⊙ 碾米

活过的地方。他因为自己的诗词[1]而名垂青史。

然而，在1093年，他因写作再次陷入麻烦，被流放到广东省的一个小城市[2]。在他居住期间，有一次当地居民集资建桥。像西方其他诗人同行一样，可怜的东坡长期贫困，债台高筑，手头拮据。但只要一有钱，他马上就去还债。在这种情况下，他感到有心而无力，于是便潇洒地解下自己的犀牛皮皮带作为捐献。

这时，他失去了他的第二任夫人[3]，陷入深深的痛苦之中。她是个优秀而忠诚的伴侣，东坡从她身上得到很多灵感。1095或是1096年，他被流放到海南，被任命为儋州昌化军安置一职，这个地方是岛上最荒凉的地方，生活沉闷。

在四处巡游时，他致力于掘井，他坚信纯水的重要性，尽管他滴酒不沾。在琼州期间，他发现了古城东门口两眼紧挨着的泉水，但口感迥异。后来，人们在此建立了一座寺庙用以缅怀他的功绩。在这座庙里的一个房间里，或许还能看到他的塑像被镶嵌在墙上的石碑里。

他63岁时，前往廉州，不久再次得到皇帝的宠爱而复出，被委以重任，在他的老家四川省成都市担任高官。但是，在前往成都的路上，因在海南流放期间所染病症发作，他不幸在常州过

---

[1]　苏东坡，一个无与伦比的评论家，他为死去的诗人和政治家所写的颂词非常漂亮；他的150余首短诗与众不同，其中一些最好的能够在《中国文学精华》(Gems of Chinese Literature)中找到。——原注

[2]　即广东惠州。

[3]　即王闰之，元祐八年（1093）八月一日，病逝于京师，不是在惠州。东坡也不是1093年遭贬惠州的，而是下一年。

世，结束了他高尚却又命运多舛的一生。①

1893年4月18日下午，在受人爱戴的诗人苏东坡曾经生活过的这片令人浮想联翩的土地上逗留了平静的15个月后，我和妻子乘坐从香港来运送货物的丹麦货船"阿斯卡（ASK）"号离开了这里。

送我们到货船的舢板，在我们房前的栈桥上被推开。我们在这座房子里度过了很多快乐的日子，我还完成了许多文学作品，包括散文和诗歌。许多淳朴真诚的百姓来到岸边为我们送行。他们首先把送给我们的水果和焚香装上船，焚香是要在航行中点燃的；然后燃放爆竹欢送我们。我妻子很受感动。我也一样，但压抑住自己伤心的感情。我养的狗名叫黛什，刚刚生下了几只小狗，于是我双手满是这些脆弱的小生命，以防它们落下水，因为船上的行李已经堆到船舷上缘。

次日早晨3点30分，海关的船派人带着清关单上船，驻船的海关官员被从梦乡中唤醒，检验了货单，签字盖章，一切顺利。4点钟，海关的船离开。我们拔锚启航，离开港口——如果能够这么说的话——全速前进。承蒙风和日丽，我们朝东北方向前进，经过挂渔网的桩子。早上7点钟，天气变得雾气腾腾，我们被迫减成半速，航向也转为东北偏东，早上8点40经过堤防。

---

① 以下有四封作者翻译的东坡书信，对中国读者没有意义，略去不录。——编者

纪 念

1893 年 4 月 2 日,在"阿斯卡"号轮船上

弹指一挥八百四十多年,

我们收获、享用了古人的经验。

我们漫游的星球,在宇宙空间,

已山河巨变,沧海桑田。

当年晨星照耀在眉州,四川,

呼唤新的一天,

为人们带来喜讯。

这是人们翘首以待的一天,

令"老苏"家牵肠挂肚的一天。

他们要迎来一个孩子的降生,

一个高贵的孩子来到人间。

一个儿子,他的声望和坚韧,

将伴随他走过荣华富贵的幸福时光,

在他作为朝廷重臣的日子里;

也会伴随他度过索然无趣的流放岁月,

直到去世——

还会伴随他去历经未来无尽的岁月——

作为"中华"诗人和历史学家——

可怜的"苏东坡"!

雷未贝克（Revsbeck）船长是在中国航线上航行的一位年迈的船长，他身体欠安，由于肺病和痢疾，身体更加虚弱。看到天气变得雾气蒙蒙，他走上船桥。9点时，我们的船再次全速前进，并稍微改变了一点航向。我问他，既然身体这么虚弱，为什么还要待在船桥上，为什么在如此的雾天里还要把船开得这么快，他果断地答道："在这种恶劣天气里，我宁愿站在这里光荣地因公殉职，而不是离开。我年事已高，来日无多。我们必须全速前进，否则就无法避免漫无目标的漂泊，或者被大浪掀翻。"

尽管雾气很浓，他似乎是本能地知道船的位置；因为，当同在船桥上的中国的舵手[①]命令继续沿着东北偏东的方向航行时，他纠正道，"错了，错了，舵手，我们正处于从海南前往木兰头湾（Mid-Channel buoy）的半路上。"结果，他是正确的。

在与雷未贝克船长谈论有关在那些水域里新的运河浮标和导航的危险时，他说："他们真应该在小滩（Little Bank）这个位置做一个打钟浮标，标记上铺前（Pochin）山塔的西南方向。这样，在雾天里，水手听到暗礁上的打钟浮标上的铃声后，就可以走到空旷的水域里抛锚。不然在滩附近抛锚就非常危险，因为有猛烈的洋流，而水的深度平均只有27到28英寻。我真希望他们能放一个在那里，因为那儿实在是个非常危险而可怕的地方。"

全天我们都得到晴天的眷顾，海上风平浪静。但是，夜幕

[①] 中国的舵手大多是渔民，从小就在这一带航行，通常是最可靠的，特别是在这种浓雾的天气里。——原注

降临时，天变得浓雾弥漫，难以导航。"阿斯卡"号货船半速前行，凌晨 1 点改为东北航向，前往拉德罗内斯群岛（Ladrone Islands）[①]，那儿以前是海盗经常出没的地方。凌晨 3 点我们到达拉德罗内斯群岛。我们看到经验丰富的船长，保持着常速四分之三水平的高速度，熟练地操作货船，真是了不起——而且是在愈加浓重的迷雾中。船航行到离岛屿只有几个船身的距离时，他会调转船头，退后，然后再次前进，驶向下一个目标：如同在一个暗礁密布的迷宫中摸索前行。我实在钦佩和敬重他的信心和技巧。

次日下午，我们到达香港，一路上虽常有汽笛的长鸣打扰睡眠，但仍然感到愉快。

---

① 西太平洋群岛，位于菲律宾以东，由十五座岛屿组成，行政上分为关岛和北马里亚纳群岛，旧称贼群岛。

第二十四章　夜游香港

香港，亦称"香江"，是中国东南海岸附近的几个岛屿之一，位于广东西南82英里的珠江口，澳门以东37英里。香港岛长10英里，宽3到4英里，面积达30平方公里。

香港是英国与中国内地贸易交往的重镇，也是东亚地区的商品集散地。其主要进口物品包括鸦片、面粉、糖、石油、陶器、毛织品和棉纺织品、檀香木材（来自西澳大利亚）、蔬菜、粮食和家畜。华南的丝绸和茶叶的贸易也主要由香港的公司掌控。

在1840至1841年间，中英两国交恶，起因是清政府在广东镇压鸦片贸易。当时，香港港口被英国舰队用来运送兵力和给养。1841年，英国皇家海军上校、英国政府的贸易代表义律与中国的钦差大臣琦善签订条约[①]。根据此条约，香港岛部分割让给英国。

双方的敌意持续不断，1842年，两国又在南京签署条约，其中规定将香港割让给英国。1843年4月5日，英国枢密院

---

① 即《穿鼻草约》。

的法令使之生效。官方实际实施行动是由海军军官爱德华·卑路乍（Edward Belcher）爵士在他的皇家海军军舰"硫黄"号的航行之旅中宣布的："我们于1841年1月25日周一早上8时25分登陆，作为真正的占领者，我们在占领角（Possession Mount）上三次举杯祝女王陛下健康。1月26日，分舰队抵达；水兵登陆，在我们的哨站升起了英国国旗，海军准将伯麦（J. G. Bremer）爵士在其他分舰队将领的陪同下，宣布正式占领香港岛。与此同时，水兵鸣礼炮，皇家战舰士兵行军礼，共同庆贺这一时刻。九龙半岛上驻扎有中国的两个炮兵连，有可能控制港口，不过看上去他们有些力不从心。在最新达成的条约中，我们要求中方撤出他们的士兵和武器。"

船进入港口时，我们可以看见香港壮丽如画的景象：以墨绿色的山峦为背景，陡峭的山坡上白色的欧式建筑簇拥在梯田里，层层叠叠。进入夜晚，景色更加壮观。这些房子里所有的灯闪烁发光，像用无数的星星照亮一样，如同彩灯一般。它们沿着黑暗的山坡向上蔓延，越来越少，直到山顶的灯塔为止。

我是晚上登陆香港的，那时华灯齐放。如果读者愿意想象着陪我一起漫游这座城市，我会很乐意再次不远万里来当向导。

我们坐上摆渡用的长而狭窄的舢板向岸边划去，掌船的是位年迈的中国妇女和她的几个孩子，他们从生下来就学习摇桨，在船上长大，船就是他们的传家宝。他们在船上度过了所有的时间，一天只有两次上岸去市场。

我们一登上毕打码头（Pedders Wharf），就被轿子和轿夫围住。我们只能用手杖轻轻地拍打以驱赶他们，才能通过边上有

214 | 神秘的花国

⊙ 从九龙看香港

很多高楼大厦的堤岸前进。这些楼房宽大舒适,但说不上漂亮。它们是大公司的写字楼,这些公司的货船纵横东海,从渤海湾到北部湾。但是,这些洋行的办公室现在都关门了,这里的中国雇员,或者说代办,华人都这么叫他们,下午 4 点都回家了。他们中的很多人住在港岛对面的九龙。港岛和九龙之间不断有汽艇往来。其他的居民,特别是在炎热的夏季,住在山顶的居民,乘坐由鲍德勒(Mr. Bowdler)先生建造的、几乎是垂直的缆车上下。鲍德勒先生是优秀而业务熟练的工程师。作为总工程师,他现在正在监理和掌控港口的开发、填埋和排水。填海再造的地被分为修建建筑的不同份额,并赋予殖民地的外貌。很不幸,这位很受尊重的、非常聪明的先生给我写的最后一封有趣的来信让我搞丢了。不然的话,我可以引用一部分,以展示他正在参与的巨大工程。香港西区土地的大部分水在比德古德(Mr. Bidgood)先生监理下已经排干了。比德古德先生是公共工程局的首席工程师。就像他勤奋的上级一样,香港也可以因他而自豪,因为一个可信赖的、热心的公务员几乎很难找到。有一次,巨大的台风袭击香港。在有可能失去自己生命的情况下,他在半夜下到一个巨大的、正在维修的排水管道里。由于中国承包人没有做好支撑,它威胁到一些建筑随时可能倒塌。在最狂烈的暴风雨延续的几个小时里,他周围形成了湍急的洪流,但他仍然坚持在那里工作,挽救了许多人的生命和宝贵的财产,实在令人赞叹!

钟楼上的大钟面对着我们,刻度盘明亮耀眼,我们进入香港饭店订房间时,刚好敲了八下。真是个好地方!这里一个高大宽敞的房间，每日6个美元，比一般花费的要稍多些。这些精致的柱子、嵌板、窗饰和雕像意味着投资了很多资金。"这边请，先生们，140号房间，当心，请进！先生们，好的。"

真是一个有教养的中国人！他在推挤我们上电梯登顶时，快得几乎让我们喘不过气来。我不喜欢这些电梯，对东亚地区的生活节奏来说，太赶了。房间很舒适，也应该是这样。我们会在月光下散步——确切地说是在电灯光下，我应该这么形容，因为街道上充满了五颜六色的灯光，把达官贵人的洋行和官邸装扮得熠熠生辉。这些可望而不可即的高档建筑似乎已经把早期就有、看上去更家常的棚屋踩在脚下。还有，永远川流不息的人群！轿夫们抬着有天鹅绒铺座、点缀有星星的轿子，上面坐着漂亮女人；老人在步行，青年人骑着车子，海军水手在人力车旁鲁莽地相互追逐着，游商在贩卖广东最香的花。

"想要顶戴吗，先生？"

"不用，谢谢——花不起钱弄这种装饰。"目前，香港人手头的钱不多，都被空头商行、会飞的地块和不存在的金山银矿给卷走了。这也就是为什么你遇到的每个人看上去都忧心忡忡——这与以往的繁荣的日子非常不同，那时有大量资金涌入，被用来修建这些大楼。

香港为什么到处都是葡萄牙人！他们几乎挤满了人行道。现在应该禁止这种从澳门大规模的移民。但我猜想，实施新的法律毫无用处——澳门很可能已成为空城了——留下几乎被遗忘的一点补偿——在那里写了《葡国颂》的贾梅士塑像。他们都已经离开了，通俗地说，那座城市是"底朝天"了——我还听有人评论说，他们在这个城市"捞了一把"或将这个城市"赌了一把"，又把它还原到到处都是"花岗岩石头、空瓶子和雪茄烟蒂"的原始状态。

香港的大道维护得很好，真是名不虚传。现在，你不用把裤脚掖在靴子里面，走在木板桥上也不用担心摔倒。今晚，我们不用费心在崎岖的坡路上上上下下，我们可以沿着皇后大道直行——这是东方的摄政街——一条向东、通向"快乐谷"①的平坦道路，欧洲人死后被安葬在那个有着墓地和鲜花的美丽公园里。街上有身材高大、健壮的英国人和看上去精力旺盛的印度锡克教徒，特别是当一些身材相对矮小的中国警察——手持卡宾枪、短剑和手枪在这条光线充足的街道上巡逻时，人们不必担心被抢劫。

中国的下层穷人更害怕警察，因为后者经常能从他们身上算计盘剥出更多的钱财。普通的警员不可理喻的残暴早已闻名，并长时间被穷人和中国弱势的游商所容忍，特别是那些卖甘蔗的小贩。有天晚上，我碰到了一个令人吃惊的事件。一个看上去贫穷可怜的苦力，也许他的妻子和家庭都要依靠他的微薄收入糊口，在德忌笠街路边支起了简易的货摊售卖一些甘蔗。突然来了一个警察，打翻了货摊，毫无顾忌，认为自己的行为不过是活动活动腿脚，拖着这个可怜的摊贩沿着大街走了几分钟，最后把他送到警察局。

现在，我们经过了宏伟的汇丰银行，它有着高大的穹顶，

---

① Happy Valley，即跑马地。

浅蓝色的天花板上点缀着金黄色的星星。再往前,还有大型的喷泉和由商会、博物馆和剧场等组成的华丽建筑。这些都让香港引以为豪。现在我们进入老城,令人熟悉的树影婆娑的地方,夹杂着许多棚户屋。我们的左边是保存完好的棒球场——以前是公共娱乐的地方。

我们在此停留了片刻,靠在栏杆上,听优秀的什罗郡军团乐队在马路对面政府官员的餐厅里演奏。某人只要在街上不碍事的地方提供几个座位,就可以造福很多人,比如说在墨累路东侧的树下,或者附近的地方。舒适的夏夜,很多居民来此消夏赏乐。

这个东方城市一定有其特殊的引人之处。我注意到,一个人在香港住上几年后离开,也许几乎一生都没有机会再来,但他早晚还会回来在此安度余生。

晚上 9 点,乐队停止演出,我们于是往回走。重新经过我们的饭店,在更热闹的城西部散步。晚风真是又舒服又凉快!头顶上的树叶发出的瑟瑟声比喧闹的出租车、有轨电车和火车的噪声要好听多了。这里变得真安静——仅仅是散步的时候——这个时候正好可以看到香港安静地依偎在周围群山的怀抱里,山上的灯光如此之高,就像头顶上的流星。

我们进入皇后大道的西半段,它与港口的前街平行,商店变成几乎都是中国的了,精致的招牌和纸灯笼开始被展示出来。这附近到处都有朗姆酒厂,噪声、不和谐的音乐声和脚步声在延续着——显然这些都极大地满足了在岸上工作的可怜的工人,他在那里被奇异的音乐盘剥着他挣来的辛苦钱。

现在，我们来到中国剧院——著名的高升（Kow Shing）剧院，中国的男性和他们的清秀的女人正在往里涌。我们可以和他们一起进去。门口的左边是售票处，上面围着木栅栏和金属格子。剧场里最高的楼座是为女士预留的，价位在 50 美分到 1 美元，而在较低位置或者是大众部分的座位只有 10 到 25 美分。付了钱，你就会得到一张红色的票，进入满员的剧场。你想坐在哪里就可坐在哪里，坐在椅子背上也没有人管。有些人希望坐在舞台上靠近演员。剧院是方形的，有点像教堂，两边的楼座面朝舞台，所处的位置就像我们的剧场一样，但却没有布景。布景在中国的剧场并不流行。城墙、山峦、寺庙、住所、工事设备和其他物件都由椅子代表，许多场景都由哑剧的姿势和动作来表现。

我的香港朋友斯坦顿先生（Mr. Stanton）博览群书，学富五车，他写道："他们的布景和我们过去的相比都算是差的。在莎士比亚时代的斗鸡场剧场和环球剧场演出的《仲夏夜之梦》中，昆斯在他的'最不快乐的喜剧及皮拉摩斯和提斯柏的最悲惨的死亡'里的布景，一个人身上用土覆盖，就代表一堵墙，他伸开五个手指就代表让情人讲悄悄话。中国剧场里乐队演奏的音乐震耳欲聋，最大程度地妨碍了外国人欣赏一出戏。乐队占据着舞台的中间靠后部位，处于通向演员休息室的地方。演员休息室是个有趣的地方，里面满是奇怪的东西和怪模怪样的人、武器和中国历史上 200 年以前各朝代的盔甲、可怕的面具、各种颜色的胡须、过分装饰的长袍、带补丁的旧衣服，等等。一个看上去脏兮兮的人穿上皇帝的袍子，戴上平滑的胡须，大摇大摆地走上舞台，俨

220 | 神秘的花国

⊙ 书院入口处

然一位真正的皇帝。另外一个人穿上镶边的长袍，戴上长胡须，就变成了一位大臣。还有一位在脸上涂脂抹粉，戴上头饰，穿上妇女的戏服和小鞋，走起路来摇摇晃晃，就是个金莲公主。其他人比如妖魔鬼怪、英雄恶棍的扮相也是这样。他们的妆化得很逼真，特别是男扮女装的时候。"

中国的戏剧演员只有很少的几个人享受高薪，每年的收入高达 5000 至 9000 元，较低的收入为每年 600 到 1200 元。他们的生活并不完全令人羡慕。他们中的大多数人沉溺于吸食鸦片。与我们的演员不同，他们不受尊敬，即使很聪明也永远不会升迁高职。

晚上 11 点半，在观赏过几个小时极为精彩的古代战争与爱情的场面之后，我们步出剧院，踏上回家的路。

在过去的一两个小时里，皇后大道的变化太大了！此前，熙熙攘攘，人声鼎沸；现在，除了警员偶尔警告注意小偷的吆喝声和沉重的步伐声、抬轿子的脚夫或者黄包车车夫讨价的声音外，非常安静。但是，你听——那个刺耳的声音是什么，好像是个响板？那个声音我很熟悉，呵，是啊——可怜的人，她们走过来了。一个年轻的姑娘——一个歌女与一个年迈的妇女手拉手走着，兴高采烈地聊着天。她们两人都是盲人，盲人拉着盲人走；但可怜的人们却似乎很高兴，比你见过的她们的姐妹更高兴和满足。如果没有这些可怜的盲人歌手，香港的夜晚将会残缺不全。

喂！为什么敲钟？我想是——现在他们冲过来了。火灾！火灾！请靠边站。好了，警官——晚安！救火这差事我们干不了——明天的报纸上会有很多消息。一个记者跑过去采访——他在睡衣外披了件外衣,边跑边系着扣子。

  一天晚上,一场大火烈焰熊熊,岸上和水里用于抽水的水泵都派上了用场。发生了一件几乎导致了另外一场火灾的事情,可能更坏。一个警官得到线人的报告,进入一个中国人的房子去查封鸦片,发现了一伙聚赌的人。在仓皇逃窜时,他们打翻了两盏油灯,留下警员在原地救火——他在本该逮捕流氓团伙的地方成功地扑灭了一场火灾。

第二十五章　一件令人啼笑皆非的案子[1]

住在香港中央地区的人，特别是富人、传教士，很少有人知道，住在香港东郊和西郊的穷人是如何生活的，或者更准确地说，是如何生存——这个问题对穷人自己来说也很困惑。同样，也很少有人知道真正生活在那里的人都是什么样的人，甚至连我们热心的传教士对这些问题也知之甚少。毫无疑问，有些人以为自己全都知道，还有些人会漫不经心地打听几句，大多数人则对这些烦人的问题不屑一顾。如果真的碰到了，他们会认为与己无关，置之不理。大多数居民知道，犹太互助会的成员喜欢以传统的美索不达米亚人的方式聚居——聚居在他们首领周围；他们也知道印度袄教徒、穆斯林和亚美尼亚人快乐地住在二楼，把一楼留作鸦片仓库，永远崇拜"万能的金钱"。我们十分了解这些高尚的人，他们和其他多数人不同，除了自己的生意，他们只关心自己。在香港，中国人住在欧洲居民的周围，我们假装知道他们可笑的习惯，他们的性格，甚至我们还会描述他们。但"典型的中国人"眯缝的眼睛却不停地眨

---

[1] 本文最初作为一封来信刊载在《香港孖剌西报》上，收到许多读者来信，但无法收录在本文中。——原注

⊙ 插秧

着——因为他知道我们一无所知——至少不知道任何重要的事情。

我不是说,香港是唯一缺乏善心的地方。即使在上海,尽管有很多慈善家和慈善机构,有很好的捐助团体,情况也与香港大同小异——如果不是更糟糕的话。在我进一步展开之前,我想引用这方面的一个例子,让大家了解一下。这是六七年前发生在上海的一个悲惨故事。一位当地一家著名杂志的普通记者,名为托马斯·马歇尔(Thomas Marshall),是个名门之后。他的家族历史悠久,声名显赫。他的父亲,我相信,是个陆军上校。马歇尔受过良好教育,一副绅士派头,是个聪明的作家,他选择了爬格子的职业,但却时常买醉。他生活没有规律,工作也受到影响。于是他被解雇了。大多数人不是知道个中缘由,就是费尽心思打听出了些内幕。如果一个人背负坏名声,一辈子也难得翻身,无论哪里都一样,但上海是个十分重视个人名誉的地方。结果,这个不幸的记者再也无法得到任何工作,也无钱离开上海。他自尊心很强,不肯乞讨,即便是给家里写信求助,他也不去乞讨。我自己倒是经常看见他,早上沿着外滩从一家商行走到另一家,时刻寻觅着有可能(却从没出现)的工作机会。

后来,他在我的视野里消失了一段时间。我推测他一定已经离开了上海,不再挂念他。几个月后,我离开上海前往华北。3年后,上海报纸上一段文字吸引了我的注意。这是有关可怜的马歇尔去世的简讯——这是他受到不公正待遇的有力证明。这一下子使我想起了古罗马讽刺诗人朱文纳尔的诗句:

拮据被每一个富有的白痴所嘲笑

愤怒中的智慧也会转化为奚落①

他的早逝对生活在上海的外国人来说的确是一个严厉的谴责，这一事件不该被遗忘。这对那些离开英国到东方殖民地就职的青年人来说也是一个警告。

他在世界上的最后一个朋友、一个黄包车车夫的证词显示，那个可怜的人试了很多地方，但什么样的工作都没有找到。他很快就把钱花光了。他不愿欠债——尽管很多人都会这么做，而且这也情有可原——他悄悄地搬入了中国人社区，栖身于贫民窟里的一个小房间。他在那里笔耕不辍，写出很多焕发智慧的论文和随笔，但大多数都被退还，附带有千篇一律的人们都熟知的退稿文字："恕不刊用，谨表谢意。"他从未向任何人抱怨。别人见到他时，他仍然衣貌整洁，甚至讲究。对认识的人，他总是点头致意，报以微笑。这些人在他境遇较好的时候，都愿意和他交朋友。他由于缺乏食物而日渐消瘦。这个辛酸故事的精彩部分从这里开始。

可怜的马歇尔对人和善、温文尔雅，对每个人，甚至对他的中国男仆都和蔼有加。很奇怪，这个仆人对他忠心耿耿。当他的主人离开了报社，仆人仍然跟着他，尽管他知道主人已经没有钱给他，但他仍然服侍他，和他一起生活，共克时艰。他们两人都没有东西吃时，仆人也出外找工作，也同样不幸。最后，仆人设

---

① 原文出自古罗马诗人尤维纳利斯的《第三讽刺诗》（Juvenal, *Third Satire*）。

法租了一辆人力车，变成了人力车夫。

马歇尔身体日渐瘦弱，后来无法离开他居住的陋室，生活费用全部落在忠实的仆人身上，而他的收入有时还买不起一碗粥，但仍然要设法支付房费，给主人买食物。但是这个无依无靠的可怜人越来越虚弱，最后连饭都吃不下去。在垂死的时候，他写了一封客气的信给他在殖民地的同胞，说由于病重无法出门，请求送一盘汤来。那个傲慢的外国人并没有响应，也没有答复这个紧急和最后的请求。几天后——在世界上最富有和最自傲的人群中间——就在马歇尔自家门口的台阶上，在有钱人的周围，可怜的托马斯·马歇尔活活饿死了。慈善的外国人奖赏黄包车夫200元，给了他一份工作。调查的结论是，马歇尔死于"自然衰竭——但因缺乏合适的营养而加速"。

讲完这个故事，我现在要捡起我在前面留下的线索——把那些怀疑我真话的人放在一边，翻过这些记载着上海档案的1888年或者1889年的旧报纸。大多数的香港居民听说过"流浪汉"一词，而且知道，这种现象确实存在。他们怎么生活，过什么样的日子，他们到哪里去，他们怎么变成这个样子，没有人对这些问题感兴趣。很多人认为，每一个衣衫不整、穿着古怪、闲游浪荡的人都是不幸的流浪汉。但是他们大错特错了，因为真正的流浪汉是很少见的，除了在清早和深夜能够看见。即使如此，除了索要施舍之外，他竭力避开自己的同胞。在乞讨时，他会沿着大街的墙边走，看到穿戴比自己好的人，他会奔到他的身边，低下头，结结巴巴地吐出一些不连贯的话，听起来像是祈祷或是诅咒。他拿到一个硬币后就消失了，再也看不到了。

问题是，全社会难道不能为这些可怜的、不幸的人做些什么？在我曾经试图把一个人安顿到水手之家过夜时，曾与香港当局、领事和警察讨论过此事，但得到的答复不过是"把他当作一个游民铐起来，送到拘留所"。

不久之前的一个晚上，我在香港西部的太平山地区闲逛，那里是中国的七街转盘或雷得克力夫街①，我看到一个奇怪而可怕的家伙，几乎没有人的模样，从一个肮脏的小巷里溜出来，茫然地看着黑暗的大路。我尽力描述一下他的外貌：中等身材，弯腰弓背，披头散发，脸色惨白，眼窝塌陷，衣衫褴褛，打着水泡的污脚上用破布片和绳子包裹着。

我在这个可怜而不幸的人前面站住，询问他是谁，在哪里住。他停下脚步，茫然地上下打量着街道，似乎没有注意到我的存在。看他不回答我的问题，我抓住他的胳膊摇了摇。他突然抬起头，有些痴呆的脸上露出勉强的微笑，问我有什么事。我告诉他，我要帮助他，只要他告诉我他自己的事情。

"不，不，我不要帮助！"这是他全部的回答。然后他又垂下头。我费了很大劲才能听清他说的几个字，然后就再也听不懂他嘟哝些什么了。最后，我让他明白，我想让他次日早晨来我家里。我写下地址给他，看到他点头同意，我便离开，而他却盯着我塞给他手里的信封，呆呆地笑着。

次日上午 10 点，我听到异常的喧闹声。我以为是有人被扭

---

① Seven Dials, 伦敦西端一个小而有名的路口，共有七条街在此交会。Radcliff Highway, 英国维多利亚时代伦敦地区的一条街道名，现名 St. George's 街。

送到警察局去，起身走到阳台上，看到的却是前一天晚上遇到的可怜人，在马路中间健步如飞，身后跟着几百名尖叫的中国人，但他却对他们视若无睹，只是弓着腰、低着头往前走，径直来到我的房子，走进前门。我把他让进厨房，请他坐下。在我妻子的帮助下，我终于让他开口说话。他是一个法裔美国人，生于加州，来到中国已有一年，原来是旧金山"盖尔（Gaelic）"号船的二级厨师。他想找工作，但找不到；想离开香港，却又走不成。几个月来，他白天没有出过门，为自己的外貌感到羞耻，也没有钱去收拾一下。他没有朋友，走到哪里睡到哪里，常常睡在山上的树林里。最后，他说他的名字叫作萨姆（Sams），想随便找一个厨师或者看门人的工作。

我带他上街，最后找到一个理发师，剪掉了他这一年来蓄下的长发。让他洗了澡，穿上法兰绒衣服，穿上靴子，戴上帽子。瞧，他完全变了个人，我几乎认不出他了！我请他好好吃了顿饭。饱餐之后，他和我很诚恳地谈了谈心。离开我家时，他直起腰，看上去和常人无异，比很多人看上去更令人尊敬。他原来痴呆、面无表情的样子一下子消失了。我带他到中央警察局询问关于他的历史。那里的欧洲人以前从没有见过他，他也很清白。然后，我带着一封信把他送到美国领事那里，但领事客气地表示无能为力。海员之家老板的答复也如出一辙。尽管我苦苦哀求，事情仍毫无进展。我想在美国轮船"马萨·戴维思（Martha Davis）"号上为他找个铺位，但同样无功而返。

过了一阵子，在询问这位不走运的人近况时，我得知，他有了合适的衣着，可以体面地上街了，他就按照我的建议找工作,却又被警察作为流浪汉抓住关了起来,理由是他没有"看得到的维生方式",或其他合理的解释。在没有人给他们工作的情况下,这些无家可归的人怎样才能提高自己的地位?仅仅是因为他们没有钱、没有家、没有朋友,他们要么藏在贫民窟里,要么冒险上街被抓,与罪犯关在一起?如果一个人犯了跳船的错误——这艘船也许就是个浮动的地狱——他是否就应该被剥夺重返故土并与同胞体面地生活的权利?我已经看到了太多流浪汉的困苦,并且认为是该解决这种问题的时候了。在我们殖民地目前的管理制度下,如果一个人逃离所在船只,也就是没有跟给他派定的轮船离开,他就会被赶出海员俱乐部,得去乞讨,会被关押起来——或者死在水沟里——甚至连为数不多的几家慈善机构的门也进不去,而这些机构正是所有国家和人民给那些受不到庇护的流浪者设置的。

第二十六章　广州之行

在阅读了上一章多少有些压抑的内容之后，读者也许需要换一下气氛。由于几乎所有去中国的人都对访问广州颇为重视，所以我建议采用最令人愉快的方式前去那里，也就是乘船前往。

早晨7点半，吃完了当地的美味小吃——用槟榔与酸辣酱作调料的青蛙咖喱饭，我们匆匆出发前往海旁港（the Praya）去赶8点钟的船。如果错过了，就只能等到下午5点的了，每天只有两艘去广州的船从香港出发。

我们很快看到了"港澳轮船公司"（Hong Kong and Macao Steamship Company）的美制橙黄色快船。它像一座漂浮在水面上的三层楼房，整艘船从船头到船尾有很多门窗。上甲板上方是个巨大的转动曲柄，有点像巨大的手压泵。

乘客经过舷梯登船，鱼贯而入。我们来到拥挤的甲板上，一股少见的味道扑鼻而来。说它少见，是说它有独特的"中国味儿"，换句话说，只有在"天朝"人中间才能闻到这种味道。它融合了蒸馏后的烟草味儿、鸦片味儿、汗味儿、大蒜味儿、干海草味儿、黄酒味儿、海鱼和其他日用品的味道。每个中国人都提着装有锅碗瓢盆的篮子，里面有上顿剩下的饭菜和各种各样的垃

232 | 神秘的花国

⊙ 角内 广东

圾，还有像砖头形状和大小的石头或者木头做的枕头。这个物件马上就用得上，因为这些老兄已经做好了开船准备，在甲板上铺开席子，把脖子靠在这个坚固而耐用的枕头上。

华人①搬家从不丢下什么东西：即使是破瓶子和破罐子，只要洗洗干净能搬走的，他们都要搬走，用罐子装满个人物品。走之前，他们从炉子上拎起脏乎乎的、里面结了锅巴的陶罐，小心翼翼地把它和其他物件放在一起。

现在，汽笛拉响了，位于我们头顶上方的转动曲柄开始上下运动，螺旋桨开始转动，轮船慢慢离开了码头。我们向上甲板走，从嘈杂和浊气中走向有着新鲜空气、清洁和安静的环境中。在大甲板上，我们遇到了船长。他一定是个快乐的好人，坚持邀请我们一起喝杯"威士忌加苏打"——或者喝"一杯"相同或者类似的饮料。

下面是我多年前乘船前往广州的路上的见闻，想必会给大家一个完整的概念。

"轮船在众多船只中穿行出港，离开香港越来越远。回身望去，维多利亚时代阶梯式大都市的全景映入眼帘。香港的建筑依山而建，每天都朝着太平山顶的高度不断攀升。我们的船继续前行，在快要到达港岛最西端之前，转向了一条狭窄的航道。这条航道位于大屿山（Lam Tao）西端和小岛之间，通往珠江口。这里风景秀丽，值得仔细品味。香港的港口外，海面开阔，小岛星罗棋布，船在岩石丛生的狭窄水道中慢慢航行，把这些美景丢在

---

① 原文 A Chinaman, 意为"中国佬"，有贬义色彩。

234 | 神秘的花国

⊙ 船上村庄 广东

船尾。岸上唯一有人的迹象也许是个孤独的渔民在用力向岸上拉网，或者是过路的船员向岩石上矗立的小神庙供奉点着的纸钱。

"岸上，花岗岩石崎岖不平，表面覆盖的短草在几乎所有季节里，从深紫到淡黄，形成了色彩鲜艳、层次丰富的地毯，上面还有很多奇形怪状、色彩各异的巨石。在一些隐蔽的地方，石头已经变成了泥土，柔弱的、像羽毛一般柔软的竹子生长茂盛。右手边，一个孤零零的、至少在30英里内唯一可以看得见的村庄占据着大地的北岸。河边人口稀少，一半是因为这里的人不甘心务农，一半是由于这里的土地贫瘠。沿河村庄位于隐蔽的海湾和小溪尽头，土地大多数都种上了庄稼。这些地方有利于防御入侵者的进攻或是从正式战斗中撤离。在东岸旁崛起的悬崖峭壁下，轮船向前航行，荒芜河滩上的景象引人注目。左边的河道迅速扩展为宽阔的河口，受到常常深锁浓雾中的南头海角的扼制，无法进一步展开。再向前，可以看见河中的伶仃岛（the island of Ling-ting），它由于是鸦片运送船的停泊地而十分重要，鸦片运输在当时是被禁止的。辽阔的海面上渔船星星点点，在每一处浅滩，渔民的渔网都拴在树桩上露出水面。离开香港3个小时，航行50英里，便到达虎门。穿鼻（Chuenpeh）洋炮台从我们的左手边经过。亚娘鞋岛①（A-nung-hoy Point）炮台是第一个吸引我们的地方。它由一长列花岗岩和悬崖组成一堵半圆形的墙，靠近水面凿出许多射击口。其后的那座墙可防御来自炮台后面的进攻。1856年英军炮击后的花岗岩碎片还散

---

① 现威远岛。

236 | 神秘的花国

⊙ 光塔 广东

落在那里。与这座炮台并列的是南、北横档（Wang-tong）炮台，也叫拦路（Bar-the-way）岛，岛上完全由花岗岩炮台环绕，然而，却不如主炮台的完整。虎岛（Tiger Island）上的炮台防御工事是最完整的，在左手边地势略为向上延伸；岛上巨型的花岗岩石隆起高达 400 英尺，一边是悬崖峭壁，被中国人想象成虎头，虎岛的名字由此而来。但是，在欧洲人眼里，岛的中部倾斜下降，形成一个大象的头和鼻子。还有人认为，如果一定要用动物的名字命名，不如叫它熊岛算了。

"船到虎门，河岸的轮廓愈发清晰，冲积平原上大面积地种植着水稻和甘蔗。轮船的航线一直是向北方，在经过右手的一些著名的地标性建筑后转向西方，很快就看到了黄埔（Whampoa）的外国轮船桅杆。这个锚地附近风景如画，小山丘上树木繁茂。在村庄整齐的竹林对面，轮船只停顿了片刻，无法让我详细描述村庄的秀美。然而，我们第一眼看到普通中国人的住所，腐朽而摇摇欲坠的房子一排排沿着河岸矗立着，令人不悦。尽管如此，在观看水面上的情景时你会得到乐趣：黄埔的船夫和船妇在密集的大小船只和嘈杂混乱之中敏捷熟练地驾驶小船穿梭，躲过沉船的危险。"

论所拥有的财富、城市建筑的华丽和地理条件的优越，广州，或者更确切地说是广州府（Kwang-chow-foo），因其与外界的商业联系和名扬四海的寺庙、宝塔及古玩等风景名胜，可以与"中央王国"的任何著名城市并列。

珠江北岸矗立着远近闻名的商业中心广州，Kwangtung 是外国人对广东省的称谓，而 Canton 最早则是葡萄牙人和英国人对这个省城的叫法。广州北与湖南、广西和江西相连,东邻福建,南对大海。

由于地理上的优势,广州很早就有与其他国家直达的海上交通。早在公元10世纪,这里就是远东的主要商业中心之一。那时,阿拉伯航海家就在广州与西亚国家的港口之间做生意。时至今日,还存有几个那时就有的穆斯林建筑特色、纪念碑式的古迹,还有一些穆罕默德信徒。这些建筑中最著名的一个就是穆斯林清真寺和尖塔,中国人称其为怀圣寺光塔(Kwang T'ap),建于公元850年,位于广州市的穆斯林居住区,在花塔(Tah Yah)以南。

清真寺的结构朴素而简单,大厅房顶由普通的中国柱子支撑,白墙上简洁地抄录着《可兰经》语录。石头地面上铺着席子,唯一的摆设是一块粗糙的祭坛,上面有块石碑刻着祈祷"万万岁的安拉"(Lord of Ten-Thousand-Times-Ten-Thousand-Years)的碑文。

清真寺的两边有两座拱门,边上有座130英尺高的圆塔,圆塔的直径向上逐渐减小,直到顶端。顶端的平台上以前有螺旋的梯子可以到达,现在长出了矮树丛和一棵树。由于年久失修,40年前大门就已经封上了。

16世纪,作为欧洲人在远东的商业先驱,葡萄牙人一路来到广州,航海家安德拉德(Fernas Peres de Andrade)最先到达。一个世纪后,荷兰人也追随而来,而后又被英国人取代,于17世纪与中国的同行开始了业务往来。我们的生意由东印度公司来管理,其代理商已经与沿海岸线北上的厦门和邻近的台湾岛开展了贸易。英国在广州开办了一家商行，贸易取得很大成功，双方都很满意，历时150年，树立了我们在中国这个古老帝国的影响。

很快，中国的茶叶被迅速引进英国，1689年，皇家海关首次在每磅茶叶上征收5先令关税。著名的广州丝绸和这个并不为人们所知的国家的其他昂贵的产品很快进入我们的市场。

当我们靠近广州时，吸引我们注意力的第一个情景是永远变化着的万花筒，各种船只，林林总总，不计其数。大型的、有着媚俗船尾的商船，船首低探，船帆高挂。笨重的屋船，上面有可以移动的竹棚，往来于内陆河上，沿河而上可以到达佛山。这种船可以进入较浅的运河而其他船只则无法进入。鞋形的小船往来穿梭，运送着乘客。在这些船还有许多其他船上，摇桨的是些迷人的年轻女人。她们一路笑着划过来，尖尖的嗓音从老远就能听见，随便开着玩笑或者泼辣地回嘴。

再往前走，靠近岸边的是艘著名的、由富商和官吏包租的、用于晚宴和聚会的"花船"。在某些场合，船上张灯结彩，挂上透明的、纸制或者玻璃的灯笼、彩旗和三角旗，浓妆艳抹的年轻女子用假嗓子高亢地唱着情歌，边上是琵琶、锣和发出刺耳声音的乐器伴奏。

许多广州人从生下来开始，会在水上生活一辈子。在他们还是孩子的时候，不管男孩女孩，他们都得学会摇橹划船，父母就可以抽身忙于家务或者照顾帆篷。这些船民既独立又节约，以稻米、鱼类和蔬菜为生，以白色的黄酒调味。在船上，一个成人一个月的伙食费通常不超过2美元。在珠江上，通常由上百只小船首尾相连组成一个浮动的村庄，省出空间方便交通。这样几百人在一起，和睦相处，只有台风的袭击才打破这种和谐，很多人会落水溺毙或者号啕大哭。但是，台风并不经常光临。由于人口不断增长，台风来临时，失踪的人并没有引起太大的重视。在繁忙的河面上再向前走，在欧洲人居住地沙面（Shameen）附近，是占地几英亩的、著名的潘启官（Puntinqua）花园，这个地方值得一游。这里可以看到著名的中国园林奇观——荷花掩映下的小湖泊，巧夺天工的桥梁，绿树成荫，花团锦簇，曲径通幽。房顶上爬满绿色植物，优雅的假山、三层高的宝塔和寺庙随处可见。在位于人工岛上的一处寺庙周围，种植的茉莉花散发着芳香，令人陶醉，眼前的美景令人着迷。

我们可在休闲时来此小憩和思考，让我们的思绪驰骋。回顾往事，我们把自己描绘成昔日的商业王子，与一些来自大西洋遥远国度的"野蛮人"在这些古旧的、神出鬼没的、寂静的显赫中徘徊。我想象得出，在那些日子里，当神秘的光环包围着这些偏远的海滩，我们在远处浪漫的凉亭里坐在一起，吸吮着十分珍稀的茶，主人一面照顾着生意，一面讲述着这种饮料的好处。

就像大多数其他中国城市一样，广州的街道修建得遮光蔽日，以躲避热带烈日的侵袭。街道的宽度都不超过12英尺，无数的摊位和突出的商店柜台让本来就不宽的街道更加狭窄。我们跳着脚在狭窄而光滑的街道上找路时，令人作呕的味道扑鼻而来。垃圾等脏东西被到处乱扔，很少被打扫，除非被风雨吹走。精瘦、像豺狼一样的恶狗围着我们叫唤，好像它们得了狂犬病。

街上的行人形形色色、三教九流——半裸的苦力抬着高官乘坐的堂皇绿轿，高官后面总跟着一帮衣着破旧的衙门跑腿人、士兵和流浪者。穿着很少的苦力扛着沉重的竹竿，有身份的市民在街上闲逛，对噪声和臭味熟视无睹，不断地给自己扇扇子。小贩在没人注意时，使劲敲打，弄出很大的噪声。最后但不是最不重要的，是躲避不及的乞丐。他们中很多都是麻风病人。这些乞丐似乎不加选择地向每个人鞠躬乞讨。他们中的一帮无赖闯进一间商店，在柜台前面号啕大哭。没人想到赶走他们。最后，店主扔给他们几文钱把他们打发走。他们嫌少，却不得不骂骂咧咧地去骚扰隔壁的店家。

商店的外面悬挂着大招牌。如果买家熟知与老谋深算的卖家讨价还价的方式，就可以以合理的价格买到各种各样的古董。你对要买的东西一定要通过言谈话语和表情手势来讨价还价。如果卖家报出一个价格，你必须要嘲笑他，然后还成他出价的四分之一。他会慢慢地、有步骤地还到出价的一半。对中国人来说时间有的是。然后你坚持还价。他会透出无所谓的笑容，耸耸肩膀说"不行"。你也耸耸肩说"没事"，然后扬长而去。他是不会让你走的，你会很快听到他喊你。你很不情愿地往回走。他再次微笑，说："可以，1 个美元。"你给他 9 毛钱，然后走开。你会满意，喜悦的神情也会挂在脸上。他也满意，并且有充足的理由满意，但并不表现出来。

在广州所有的名胜中，庙宇占有突出的地位，而且很有意思。它们中间最有名的是位于广州西郊的五百罗汉堂（the Temple of the "Five Hundred Gods"，即华林寺），里面有很多富

⊙ 河边景色

丽堂皇的厅室，供奉着很多神像，都是身披金衣，精美绝伦。这里头有著名佛教徒、信众、历史上和神话传说中的人物。

我们路过表面上毫无生气的旗人街区来到壮观的大钟寺（Bell Temple），也叫作五仙观。"这座寺庙得到很多捐赠，还得到很多清朝军官的支持，使它比本市中其他寺庙管理得更好。"在穿过方形的院子之后，我们来到了一个台阶前面，上面是个由著名的钦差大臣耆英（Ki-ying）捐助的、装饰得很好的门廊，于1842年修建。除了主厅里装饰有道教鼻祖老子的神像外，旁边还有围着围栏的道场场地。这所寺庙里最引人注目的是最近安装的大钟和五只神羊，后者被一场大火焚毁。当时，它们矗立在寺庙后部的一座房子里。

关于这座寺庙的传说是这样的。大约2000年前，在这座建筑的地面上有5个牧羊人，突然变成了5只羊，又突然变成了石头，同时响起了一个声音宣布，只要这些神奇的石头在这里受到崇拜，附近的城市就会保持繁荣。从那天起，这些石头就被存放在这个地方，并且可以肯定，从很早的时候就被当作神来崇拜。大火摧毁了护佑它的神殿，而这恰巧与城市衰落在时间上相差不远。但是，它们也并没有因此而黯然失色。这些石头几乎是没有形状的花岗岩，长和高各18英寸，能看得出曾经有人在上面尝试雕刻成羊头的模样，因此，广州就有了"羊城"的称号。但是这个神话被中国的哲学家在"羊"字和古代命名广州这两者之间找到了印证。这证实了穆勒教授（Professor Muller）断言的一个令人惊讶的事实：任何神话都只不过是被遗忘了的声音的放大。

就在保护这些神奇石头的建筑前面，矗立着一座石雕，中间有座高 20 英尺的拱门，在中间花冠处打开。在拱道上方柱子支撑的高处，挂着一口大钟。人们认为它是 2000 年前在现场浇筑的。预言说这口钟一发声，广州就将大难临头，所以人们取走了钟舌，阻断了一切接近大钟的道路。但预言结果还是在不久以前应验了。1857 年，英军炮轰广州。有人建议指挥官瞄准大钟，结果灾难降临。一颗炮弹击中大钟，发出巨大的响声，把大钟的下摆击碎。钟的下面是个巨大的铁制香炉，里面的熏香得到了大钟的灵气，不停地燃烧。这个城市沦陷了。

大厅的东面是个用小围栏围起的神龛。在神龛的红砂岩地面上能看见一个巨人的大脚印，这被佛教徒说成是佛祖留下的脚印。神龛的对面，在一排台阶下面，是金花庙（the Shrine of Golden Flowers），里面有妇女祈求得子的、可与罗马维纳斯女神像媲美的送子观音菩萨。这些和善的菩萨仕女像被安置在神庙里的两侧，每人都抱着一个或多个刚刚出生的孩子放在膝上。母亲们在一个特别的佛像前驻足，许下求子的愿望，或者是按照习俗把一条红绳子绑在一个孩子的手指上以表达她求子的心愿。在神龛的上方，有个小阁楼里面放着大将关羽像。他怒目而视的面庞和祭坛上的弓箭显示出他行伍出身。企求升官的清朝旗人在参加考试前要来此供奉祭品。

从建筑学的角度上来说，官府是值得一游的地方。如果"大人"在家，外面的人是很难进入衙门的。但是只要给点赏钱，他手下的人会带你到里面转转。这些住宅十分容易辨认，因为它门前的路基很高，中间供官员行走，两旁让仆人行走。墙外贴满了无数的布告。走进官府，你会经过几个院子。两旁是用人房，然后是客厅、大堂、私人房间和库房。但我们现在没有更多的时间观光，要抓紧时间赶回码头，登上栈桥，不然就会误了去香港的船。

第二十七章　文武庙[①]和游行队伍

香港荷李活大道西端，左手有一座文武庙。在英国占领香港前，这座庙是个神庙，贫穷的渔民和旅行者来此朝拜天后娘娘和其他神，供奉祭品。

近年来，这座神庙濒临分崩离析。1893年年中，当地人发起捐款，维修和重建这座神庙，并增加了一个避难所。为修庙[②]而捐的款项源源不断，工程也开始了，并于1894年中国新年完工。老神庙现在看上去辉煌壮丽，内部金碧辉煌，有很多巨大的黄铜器皿。焚香火盆，巨大的蜡烛架，全都擦拭一新。各种长短各异的旗子，还有宗教装饰品也点缀其间。外装饰宏伟优雅，方形的面板上嵌刻有动物、山脉、湖泊、桥梁和宫殿，用灰泥制作然后小心地涂以特制的颜料，可以历久不衰。房顶装饰的风格相同，但规模要更大。

为了纪念重修文武庙这个重大的历史事件，敬拜、恭贺庙

[①] 香港荷李活大道是有文武庙，供奉文昌帝君和关公，而不是作者说的保护渔民的神，那是天后。

[②] 作为传统，每个捐款人会得到一个圆形的纸灯笼。他会在他的商铺或者住宅外焚烧三天，神看到这个亮光会因为他的慷慨捐献而保佑他。——原注

中诸神，善男信女们筹措了更多的资金，用于举办盛大的庆典并建立一个迎宾室以接待天龙下凡，视察寺庙的修缮情况。

筹备工作紧锣密鼓地进行，预料会有人山人海的奇观出现，成千上万的广州人和周边省份的人士将汇集香港，一睹风采。

庙外，一堆堆的长竿子和各种尺寸、长度的竹子都被运来。竿子上面事先都被大胆的涂上了各种颜色和图案。工人用这些材料很快就搭起了一个巨型的、100多英尺高的脚手架。中国人做这种事情特别敏捷、灵巧。当这个庞大而脆弱的架子搭好后，巨大的灯柜、描画的装饰都出现在布景场地上。这些东西很快就被固定在高处合适的地方，把脚手架搭建的构架完完整整地包裹了起来——架子看上去如同一把巨大的仙女般的扇子，花瓣水晶装饰灯、各种尺寸的带着丝绸穗子的灯，还有内置发条装置的转人，都高高地悬在空中。墙上还挂满了名贵的卷轴画、古董、古玩，本地作家的画作，著名诗人和权贵署名的诗句和箴言的书法作品。

在院子里围栏的中间和角落里，有为乐师准备的谱架，边上有些鸟笼子，里面有羽毛鲜艳的鸟。此外还有精心挑选的盆栽植物——很多都是精心修剪的树，还有些则是长得奇形怪状的花花草草。

公历2月份第一个满月的开始，各种庆祝活动粉墨登场。花费成千上万大洋组成了一个壮观的游行队伍。它绵延1英里，穿越了香港的大街小巷。队伍的开始，是一队乐师，用一个大鼓开道，敲锣打鼓，吹着笛子、喇叭等各式各样的乐器，数不胜数，所到之处响声震天。数百人手执旗子和各种颜色的标语。

248 | 神秘的花国

⊙ 文武庙 香港

男孩子衣着华美，扛着武器和战利品。后面是壮观的假树，年轻漂亮的姑娘坐在树枝上，身着绸缎，熠熠生辉，再现了中国历史上的女英雄和浪漫故事。在这些少女之后是一些汉族小伙子，也是衣着光鲜，手持弓箭，骑在身披华服的马上。牵马的人身穿红色衣服，手持彩旗。接下来的是微缩庙宇模型，上面有带发条、可以转动的人物。庙宇的模型制作工艺高超，并且装饰着珍贵的翠鸟羽毛。跟在后面的是"花船"模型，每条船上都有妩媚迷人的姑娘。花船的后面是庞大的怪物，有着可以活动的爪子和可以摆动的尾巴。后面是大型的半人半兽的花车，旁边跟着上蹿下跳的小丑和身体柔软的杂技演员。他们的表演博得阵阵喝彩。

后面，还有更多的乐手、模特、各色人物、士兵和手持彩旗的人跟了上来。最后，"天龙"盛装出现，伸开爪子，红眼珠子闪着光，凶猛而吓人地在宽大的眼窝里转动着。这个怪物制作精巧——鳞光闪闪的身躯，长近200码，宽有5英尺，全部用银纸做成。在天龙的两侧，无数的举龙人被黄色的旗子遮挡住。他们在向前移动时，只露出腿脚，不时地会有强壮的苦力来和他们换班。

这只巨大的怪兽向前移动着，挂在两边的铃铛叮叮当当，举龙人一点点地向前挪着步子。旁观者人头攒动，兴奋地观看着，举着天龙的队伍要走上几英里路，而旁观的人群也是如此。

在行进的龙前，是两个欢快的小丑，手里拿着装有圆球的长杆，引导着这个天上下来的神物。它巨大的角剧烈地摆动着，凶神恶煞的样子，让观众目瞪口呆。他们目不转睛地跟随着它的一举一动。这种景象他们大概永远不会忘记，也许这辈子都难得再见。

在德忌笠街（D'Aguilar Street）上，一些节俭的家庭主妇把洗好的衣服晾在窗前。游行的队伍朝这所房子行进，愤怒的喊声此起彼伏，庞大的队伍停了下来，所有的眼睛都聚焦在高处的衣服上。它们是对万能天龙的尊严和权势的侮辱，是不吉祥的东西。这些东西不挪开，队伍不会继续前进。

可怜而内疚的妇人被吓得灵魂出窍，为自己无意之间冒犯了这样的大人物而悲伤哭泣。不用说，她洗的衣物很快就被拿进屋子，游行队伍继续前进。巨龙的"腿"经过短暂的休息，似乎移动得更加欢快了。

可怜的老百姓对眼前的景象感到惊讶不已——他们以前从没有看到或者想象到这种漂亮的庞然大物，这令他们终生难忘。然而，最令人惊讶的节目到了晚上才会登台。在面对港口、新近填海造出的一块空地上，另外一个高大的脚手架已经矗立起来了，从头到脚都装点着焰火。他们还为总督罗便臣爵士和夫人（Sir William Robinson and Lady Robinson）、英国和中国的主要官员搭起了一个巨大的看台。

傍晚时分，人们从城市各个角落络绎不绝地来到广场，总数达到20万，沿着海堤和周围的街道排起了长队，从东到西，挤满了填海造地后新出现的这块地方上的每一寸土地。这是个漆黑的夜晚，所幸的是天一直是漆黑的。

晚上9点，焰火被点燃——炮仗高飞，嘶嘶作响，在天空中形成美妙的图案，同时其他的焰火在更高的天空绽放出灿烂的火花。转轮焰火旋转着像金色的水磨轮盘，像阵雨似的洒下火花，令人眼花缭乱。充满着强烈惊奇和钦佩的巨大、低沉而颤抖的耳语声在音乐和炮仗的喧闹声中升起。这时候，海上来了一队仙女般的小船，无数灯笼的巨大光束越来越近，岸上许多琵琶演奏家演奏出柔美的音乐飘在水面上。

正当感到惊奇的人们对这种新奇的景象目不暇接的时候，锣鼓喧天、震耳欲聋的声音把人们的眼睛又吸引到东边。那边走过来一大群海怪，场面壮观。队伍中有各种大小、各种样式的鱼，从鲨鱼到鲱鱼，鱼贯而出，一望无边。它们都是用透明的油纸制作，造型逼真，在内部发光，令中国人和欧洲人都赞叹不已。后面跟着上来的正是年迈的"天龙"，也是从头到脚，通体发光。整个游行队伍走过一个地方要花费一个半小时。

庞大的观众队伍似乎十分安静，遵守纪律而又十分欢快。在游行的三四天里，长度逐渐缩短，气势减小，直到最后消失。兴高采烈的人们参拜天后娘娘，奉上供品，又观看了庙里的改造，一番愉快的游览之后，便返回各自的家里。

第二十八章　香港大瘟疫

1894年4月下半月，我们在香港听说一种奇怪而可怕的疾病在广州暴发。广州居民惊慌失措，成千上万地逃往香港——每趟船都是人满为患，港岛也被他们挤得水泄不通。后来，一个令人吃惊的消息迅速传播开来，这种致命的瘟疫——在各方面可以与1665和1666年伦敦大瘟疫相提并论——已经扩散到我们中间。

起初，这不过是个谣言，后来被在城西端太平山几起因瘟疫致死例子证实。但这仍然没有引起人们太大的注意，很少有人相信这些报道。当局没有采取措施预防这种流行病的蔓延，也没有阻止来自疫区的人涌入在劫难逃的香港。人潮不断地涌进，香港居民也开始感受到炎夏的难耐暑气。当时有观点认为流行病侵入了香港，严重威胁甚至在这儿扎根。住在香港的外国人对这种看法感到反感，认为是无稽之谈。尽管有许多人和许多文章多次警告，在一段时间里，人们仍然高枕无忧，觉得自己不会染上瘟疫。这实在无法理喻也很不幸——这种不幸很快就被最可怕的死亡形式所证实。

令人丢脸的卫生状况即将昭然天下，要改变或者转移因而产生的灾难和后果——由于多年忙于挣钱忽视卫生而积聚起来的垃圾使人类承担的后果——为时已晚。在那些年里,生活在底层的中国老百姓一定受到过卫生检察官粗枝大叶的处理,官员们对很多卫生问题熟视无睹,应该受到谴责。

正如常见的情况一样,当这个一直以来是经济富有、社交发达的殖民地进入发展的低潮时,瘟疫的洪水裹挟着死亡、破坏和耻辱以及它肮脏的、无法抵抗的势头滚滚而来。整个社会都冷却下来并感到惊恐。1347 年至 1353 年[①],著名的黑死病泛滥流行。这种病从亚洲向西扩散到欧洲国家。这沉重地打击了伦敦社会——我们从阅读中得知,在卡尔特修道院每天就有 200 人下葬。即使在那段时间,比较一下伦敦和香港的人口和面积,你就能想象每天造成 100 人死亡的瘟疫笼罩着香港,有多少受害人的尸体在等着下葬了。

现实情况与薄伽丘用意味深长的语言在《十日谈》中间接提到的瘟疫,在各方面都很相似。有关香港瘟疫和它带来的灾难,薄伽丘的描述,比我写的任何东西都能给读者以更好更准确的概念。

有一阵子,这种瘟疫被隔离在香港的西端,但是这已经太晚了,英国士兵拉起的警戒线穿越太平山以阻止这种传染病蔓延。由于长时间的干旱,人们也希望借助一场喜雨的来临,使瘟疫完全消失。雨下过了,瘟疫却还阴魂不散。它固执地、默默地、笃定地、致命地从一条街道走向另一条街道,四处出击,

---

[①] 本章节中,部分年份有误,已经按照史实修改。为方便读者阅读,不再一一注解。

最后占据整个香港，把惊慌失措的老百姓推向绝路。没有船只来香港，所有的贸易都停止了。人人都在等死，死神也降临了。

一只又瘦又可怜的耗子会朝你爬过来。它得了病，踉踉跄跄地摔倒，然后又拖着虚弱的身子爬起来，离开鼠洞，好像是要和你做伴，爬到离你更近了一些，几乎是死在你的脚边。那只可怜的小玩意儿是第一个死亡的先兆——瘟疫肯定已经潜入你的家庭，你几乎无法将它拒之门外。谁会是第一个死去的呢？那是个可怕的问题。然后你们聚集在一起，相互打量，寻找第一个死者的征兆——轻微的头晕和衰弱。

瘟疫逐渐盛行起来的时候，街上冷冷清清，商店关门，门帘放下，很快就能听到服丧痛哭的声音。最后，只有几个紧张而受了惊吓的人跑来跑去，一具尸体被抬出房子。也许是一只脏狗，在排水沟里挑拣着垃圾，遇到另外一只狗正在扭曲着痉挛、抽搐，把头撞向石头、口吐白沫，就突然本能地惊跳退后。那只抽搐的狗在可怕的死亡之痛中狂吠着，吓坏了另外一只狗。它沿着荒芜的街道狂奔，以摆脱街道两旁死神的威胁。

那些有本事离开香港的人在还来得及也还能够离开前，都离开香港回到了家中。仆人们离开了主人，在死神拆散他们与家人之前，匆匆忙忙地与家人团聚。我的两个仆人回到家中都死了。我房子里的几只老鼠跑出来，都死于瘟疫。我立刻把它们埋掉，并采取各种预防措施，不停地烧硫黄和檀香木，用大量的碳酸和石灰消毒。尽管如此，我已经有明显的症状，一个疖子已长了很长时间，我和夫人随时会感染瘟疫。

但是，在所有这些不幸、悲哀和死亡之中，有少数勇敢的人为那些患病的人奔波忙碌。香港人民——不论欧洲人还是中国人——永远不会忘记并且要为那些高尚的基督徒感到自豪。他们勇敢而忠诚地护理病人，安慰和帮助那些在瘟疫的危机中心灵受创和遭受折磨的人。我是在说坎特里和罗森大夫（Doctors Cantlie and Lowson），他们每天都守候在病人的床边。

在瘟疫爆发的时候，坎特里大夫正在北京度假。他一听到消息就立刻返回。我多次看到他在空荡荡的街道上行色匆匆，毫无畏惧地进入环境最差的地方——进入这些瘟疫肆虐的小屋——去护理身无分文的人，不收一分钱，并且自掏腰包为他们支付药费。如果有人应该得到骑士的荣誉，那么非他莫属[①]。很少有人知道他是多么的高尚、慷慨和无私。他帮助并挽救了成百上千、无依无靠的可怜人。为了让高层人士更全面地了解这两位绅士的模范行为，我想我的这种赞誉或许才是有效的办法，因为许多道德高尚却又谦虚的勇士常常被埋没了。

我们英国的士兵在那里的表现也是可圈可点，他们自始至终完成了许多危险和令人厌恶的工作。为了消除瘟疫，城市当局将多年的垃圾清除出去，并进行大扫除。然而，许多中国人却把已故亲人的尸体藏在房间里以躲避清扫、消毒。结果，搜索人员不得不组织起来入户搜查，并将查到的数百具尸体掩埋。他们还从一些房屋里清出大堆的、多年来积攒下来的垃圾和废物，瘟疫病菌在这些垃圾中赖以生长。那时，没有人愿意靠近有瘟疫的房子。这些士兵自告奋勇清扫这座城市。一个高尚的、年轻的英国军官，

---

① 坎特里大夫近日回到伦敦。——原注

他的名字我很抱歉忘记了，染上了瘟疫，在与同事经过数日的艰苦工作后，不幸去世，为香港献出了他年轻的生命。

起初，这些可怜的士兵受尽热浪、口渴和疲劳的煎熬。他们中有些人染上了瘟疫。我写了以下这封信刊登在《香港孖剌西报》的专栏里。

英国士兵和卫生设施
致《香港孖剌西报》编辑

先生：

我认为继续让我们的欧洲士兵在香港再接触瘟疫是不适宜的，特别是他们中间的一个人已经被可怕的瘟疫夺去了生命。他只是履行一些清洁工作——搬运垃圾和家具，甚至是用双手搬运尸体。这些体力工作由欧洲人监督，让雇来的苦力甚至是印度人而不是欧洲的士兵来做，一样会做得好。不难想象，志愿者是如何以极其简单的方式被从各个团中招募上来。在长官的支持下，上尉召集一连士兵，通知他们需要志愿者完成某项工作。愿意参加者向前迈出三步——或者是类似的动作。没有人愿意后退。他们会认为，不参加的人会被打上"标记"。你想象一下吧，一队士兵在军官前列队，被告知需要志愿者。可怕的沉默持续了几分钟，军士感到很不自在，看了看自己的伙伴，朝前迈出去。其他人也不计后果，跟了上去。但这样做既不正确，也不公平，既不明智，也不得当。

报纸上有一则招聘志愿者的广告。他们是否是为了志愿者的荣誉去服务，这点很让人生疑。但是，有很多有能力的人

（我看到的和交谈过的），如果他们得到合适的报酬，他们愿意冒着风险立刻承担清洁工作。

您忠诚的
C. J. H. H.
1894 年 5 月 30 日
于香港

附笔：又有三个不幸的士兵染上瘟疫。然而，要是想想这些不幸的人明摆着正遭受的不公正待遇，这种令人悲哀的事情也就不足为怪了。那些被挑选执行此项特殊清洁服务的士兵，早上 7 点以前离开营房，吃过简单的早饭，来到东华（Tung Wah）医院接受当天的工作。他们没有交通工具。有人建议这些可怜的人抽点烟，喝点酒。可是，这些都没有提供。他们像奴隶一样干活，渴望能抽支烟来帮助他们撑下来这份既辛苦又伤身体的工作。我这么写绝非凭空捏造。我曾询问过一个和他们一起工作的先生，也目睹了他工作的情形。难怪那些可怜的人看上去脸色苍白，疲惫不堪，生活悲惨。在东华医院总部供应的唯一饮食就是一大桶水。这些勤勉工作但无助的人勇敢地为了社区人们的利益默默奉献，却受到这样的待遇，这简直就是奇耻大辱。

C. J. H. H.

来信见报后，总的来说这些士兵都比以前受到了周到的招待，为他们勇敢而自愿完成的危险而艰苦的工作所提供的装备也有了很大改进。以下是罗宾逊上校1894年6月22日答复我的信。

萨罗普步兵团和瘟疫
致《香港孖剌西报》编辑

亲爱的先生：能否请您刊登附信？我已经注意到信中的一到两个小错误和今天贵报中的一个错误。关于我的士兵、军官和目前正在发生的事情，我很愿意为所有报章在撰写报道时提供他们所需的全部信息。

您诚挚的
什罗郡轻步兵团第一指挥官
F. W. 罗宾逊上校

（附信）

关于最近报纸上有关瘟疫的信件，包括1894年5月31日刊登在《香港孖剌西报》署名为"C. J. H. H."的一封来信，这封信以友好的态度描述了参与清洁工作的人，我可以说，军官、未经任命的军官和什罗郡轻步兵团的士兵都是真正意义上的志愿者。5月22日，我得到总司令阁下需要我们提供服务的通知。我告诉士兵，我们会被召集起来参与抗击瘟疫的战斗。次日早上10时，我接到一封信，要求4名军官、150名军士和战士在下午1点待命，150人在次日7点待命。召集志愿者无须检阅，但在每一个连队里，如果有人想去的话，海军陆战队上士会招呼他们。少数身体不适的没有参加，但是大多数人愿意参加，在不干预受雇于特别卫戍部队士兵的情况下，我为来自5个连队的战士提供了必要的装备。所有志愿者都进行了体检，合格者才能参加。

开始工作后，几个战士染上了病。他们的岗位被其他连队的志愿士兵取代，我很确信，无论是军官还是士兵将会像前任士兵那样继续工作，尽管我们所有人对现状感到很伤心，因为，到目前为止，无论房东或是房客，都没有丝毫要帮助当局来打扫他们房屋的举动。

至于今天的《香港孖剌西报》上的文章中说，我不让战士吃东西，这并不确切。下面的事实可以证明。

5月22日，总司令阁下要求我提供建议。于是，在写给他的信中，我特别提到，如果我的战士受雇，作为他们应得报酬的一部分，每天晚上应该给他们提供晚餐。我认为，他们的体力工作需要好的伙食，而申请晚餐的理由也很简单，上早班的士兵清早开工前吃的早餐很普通，有茶或者咖啡、面包和牛排。那么上第二班的士兵也要在工作前吃上晚餐。5月30日，佛朗西斯先生问我，我的战士工作时可以无限制地喝酒，这是真的吗？这也是《德臣西报》的代表向他提的问题。我告诉他，这并非属实，而且我也反对在工作时，无限制地向他们提供啤酒和烈酒。我还强调，自工作开始以来，没有任何人这么做过。5月31日，我收到佛朗西斯先生下面这封信，建议为在工作岗位上的士兵提供咖啡。我很高兴接受这种做法。我认为，咖啡比啤酒或者烈酒对他们来说更合适，特别是在清晨。我们在东华医院和第五中央警察局设立了咖啡供应站，全天提供咖啡。佛朗西斯先生还为提供热咖啡做了计划，也正在实施这个计划。

我还建议给他们每人的早餐增加两盎司的奶酪，因为有几个人说过，他们有时候更希望吃奶酪而不是通常提供的牛排。这一愿望已得到满足。昨天，他们对所提供的咖啡、雪茄和烟草很感激。

这些战士目前一天得到一杯朗姆酒。他们把它放在瓶子里。这酒由政府供应商代理人提供。朗姆酒喝完了，就该换广和洋酒行（Messrs Caldbeck, Macgregor & Co.）赠送的十打威士忌了。让我眼中最棒的士兵享用这些东西，我觉得名正言顺。我的军需官陆军少尉威尔逊先生（Quarter Master Lieut. Wilson）费尽周折，找来士兵们想要的东西，比如食品、烟草和上等雪茄。

我认为大多数人会认同我的说法，我为我的士兵争取并维护着权益。毫无疑问，我也不会反对以恰当方式为他们争取更多的正当权益。

但是，如果当局希望提供酒，我相信在他们下午返回时提供啤酒最好。每人每天都可以在中午从步兵团作战部的商店得到1又1/3品脱的黑啤酒。

在我为士兵谋福利的所有事情中，我都请教了医务官。他们给予了我充分的协助。

我的下属干劲十足，看到的人都可以证明。但是我要强调的是，除非被瘟疫感染的房屋中的居民被强制在席屋中隔离大约三周，并将房屋按照卫生委员会的命令熏蒸净化，所有的阁楼都拆除，并且不允许再搭建，否则瘟疫会在整个夏天延续，我们和其他许多人的工作也会付之东流。同样失去的，还有在这块殖民地上的投资。要清扫所有的房屋是不可能的。然而，在清扫那些曾经发生过瘟疫的房子时，一定要拆除每间阁楼，以防止人员的过度拥挤和疾病的复发。

目前的情况是，居民在房间刚一清理完毕就搬回去，瘟疫又经常会在同一处房子里再次爆发。

如果在这座城市西边的房子能够实行熏蒸和隔离的措施，我想瘟疫的势头会减弱。

总之，我很高兴地看到总指挥阁下（H. E. the Major-General Commanding）的提议已被执行。部队已经减少了参加日常体力劳动的人数，允许他们每周休息一天，并聘请他们担任指挥，而不再从事实际的体力劳动，让中国劳工在他们的监督下干活。

什罗郡轻步兵团第一指挥官

F. W. 罗宾逊上校

1894 年 6 月 2 日

这种致命的腹股沟腺炎疾病的症状与古代作家乔利阿克[①]、福利尼奥[②]和其他人所描述的十分相似。病人感觉身体衰弱，偶然伴有吐血，持续高烧；柔软的淋巴腺在腋窝和腹股沟膨胀。人死后尸体变黑，迅速腐烂。但是，在极端个别的情况下，我看到过有人在街上像个醉汉跌跌撞撞，口吐白沫，嘴里喘着粗气，突然摔倒在地，往往在赶到医院前就死了。

---

① Guy de Chauliac,（1300—1368），法国人，外科学之父。
② Gentile da Foligno，意大利医生。

由于瘟疫的爆发，所有的医院都人满为患。院方不得不搭起临时的棚子以接待和诊治病人。然而最终，当成千上万的病人被夺去生命之后，香港开始摆脱它的困境。慢慢地，在年轻的英军志愿者顽强的拼搏之下，瘟疫也逐渐衰退了。这些人担当起清道夫的职责，清除、焚毁了堆积了多年的垃圾。当空气中稀薄的毒素慢慢散尽，不再从腐烂的土壤和将其掩盖的垃圾堆——也就是这种强大病菌滋生的温床——进一步渗出时，瘟疫的狂潮也就退却了。到了 8 月份，香港这座城市和它的居民又恢复到常态，但是他们学到了他们不会轻易忘记的教训。

第二十九章　集火花

过去有一段时间，集火花成为在华欧洲人流行的一项爱好，特别是在香港，人们可以收集到一些精美而有意思的火花。大多数火花来自日本，那里有成百上千的火柴厂，每一个厂都有自己的商标，这些厂的经销商甚至都把自己的商标贴在火柴上。

日本向中国和英属海外殖民地（the Straits Settlements）大量出口几千种不同品牌的火柴，在这些地方可以很便宜地收藏到一些精品。结果，人们对这些火花趋之若鹜。由于新的品牌不断出现，一个人很快就收藏达数千种。事实上，要在不可思议的短时期内形成大量甚至珍贵的收藏，是完全有可能的，因为这些印花似乎是无穷无尽的。一个重要的原因是，旧的工厂不断倒闭，商店关门，而新的工厂和商店则层出不穷。每一个火柴制造商都试图用非常精致和富有内涵的设计胜人一筹。这些独特的设计一般都与中国或者日本的题材、某个事件或历史上的某个时期有关，或者表现一些著名的事实或神话。让我举个例子。有一张火花上的年轻而优雅的女子是中国历史和诗

⊙ 作者收集的火花

歌中的穆桂英（Mo Quai-ying），某些人说是木兰（MoukLan）[①]，她是唐朝的杰出人物。这个著名而受欢迎的女英雄常常出现在中国戏剧中，她的英雄事迹被编成很多故事和歌谣。在一首被认为是女主人公自己写的诗歌里，她被描写成不但是个孝顺的女儿，而且是个容貌秀美、多才多艺、忠诚勇敢的女孩。诗歌开始，她正在父亲的家中纺线，陷入沉思的她连纺车嗒嗒作响的声音都没听到。头天晚上，她看到征兵文告，皇帝征召所有的男性臣民参军抗击蒙古族人[②]的进犯。她父亲名列其中，但他年老体衰，无法上战场。父亲也没有儿子能代父从军，于是桂英决定自己去应征入伍。

诗歌中写道，她做了这个决定后，便去东市买了匹骏马，去西市买了鞍子，去南市买了辔头，去北市买了长鞭。一天清晨，她告别心爱的父母，经过了一天的征程，晚上来到黄河边。她沿河而行，第二天到达黑龙江源头。她在此参军，第一次听到了蒙古马的马蹄声。

万里赴戎机，
关山度若飞。
朔气传金柝，
寒光照铁衣。

[①] 穆桂英和花木兰是两个不同时代的人物，作者在本节中讲的是花木兰的故事，却与穆桂英混为一谈了。花木兰也不是唐朝人物形象。

[②] 实际应为突厥人。

266 | 神秘的花国

⊙ 作者收集的火花 2

这场战事持续了大约 10 年。最后,蒙古军队被击退。他们著名的首领——身经百战的英雄——被勇猛的桂英杀死。她女扮男装,勇猛善战,在战斗中成为将军。

后来,她回到朝廷。皇帝给她论功行赏。她只要了几头快足骆驼①载她回家。

她得到了骆驼,踏上了回家的路。终于,她回到儿时熟悉的家乡,看到为她感到骄傲的、亲爱的父母。他们热烈地欢迎她并为她准备了丰盛的宴席。

她进入自己的房间脱去战袍,换上昔日的女儿装。然后她"当窗理云鬓,对镜贴花黄",打扮成一个漂亮女人出来见她的战友。他们大为惊讶。这么多年来,他们并肩作战,她从未暴露她的女性身份。诗歌的最后一节,她答道:

雄兔脚扑朔,
雌兔眼迷离。
双兔傍地走,
安能辨我是雄雌。

一位环游世界的收藏者收集了很多各种大小、种类各异的火花。他在各个火花下面写下一段描述,说明搜集的时间,在什么样的情况下收集到的,某些火花的设计所蕴藏的含义。这就形成一个有趣而了不起的艺术收藏。他对这件事情很有热情,

---

① 《木兰辞》中,木兰向皇帝索要的是快马,而不是骆驼。

并为收集到的各种火花感到着迷。比如在日本各地,特别是在大阪——那里能够收集到最好的火花。还有在中国,主要是在香港。我颇费周折,才弄到了一两枚来自烟台和福州的珍贵火花。另外一个人,是德国的领事,宣称收藏火花比收集邮票更加有趣和令人激动。他有一个大的、贴满了各种火花的剪报本,每个火花下面都有描述。他能够向我展示成百上千种火花。在环球旅行者中间,火花并没有成为更流行的爱好,这很令人惊讶。我认识的一个"天朝"的居民到著名的"日出之国"旅行,主要为收集少数古老、珍稀和非比寻常的火花样本。听他讲述在那些似无可能或外人不可进入的地方找到这些火花,是件非常愉快的事情。我用了很多个下午和晚上在香港不同的地方寻找火花。对那些希望快速且划算地先给自己的收藏开个头的东方居民和旅游者,我建议他们到香港的荷李活大道上的一些中国商店去看看。这些店在路北一侧,靠近雅丽氏纪念医院。或者去新加坡的中国商店。这些商店前面有一些货摊,上面有几百种艺术价值很高的火花。当然,要获得火花必须要买一分钱一盒的火柴。本地人通常付3个铜板买一盒火柴。10个铜板相当于一分钱,40个就值一便士。但是,善于算计的"天朝"店主深知收藏人的狂热心理,能很快确定买主的目标,并精明地区分买家和收藏家的需求量。前者通常要一包,而后者只要一盒。 他于是见机行事,按量收费。你要相信,中国人会充分利用每一个赚钱的机会——这么做也无可厚非。香港荷李活大道上一位标新立异的火柴经销商在商店外的明显位置上摆放这样的招牌:

收藏家能在这里买到最棒的火花,来呀,瞧一瞧,看一看。

我收集火花时,在一打火花中找到最有吸引力的和最有艺术价值的,保留几张,然后把余下的跟其他收藏者交换,换回一些我所需要的。我十分推荐这种安全而经济的做法。最好的做法是自己有些富余的用于交换。我习惯随身携带皮夹,里面装满了很多用于交换的火花,可以换回一些珍稀的品种。

很奇怪,在英国,人们对收藏火花知之甚少,爱好者也不多。但它很快会成为吸引人的消遣,特别是对环球旅行者来说,而且还能缓解集邮的单调,丰富收藏种类。因此,我十分欣赏这种曲高和寡的爱好所带来的快乐。如果这种做法能对我海内外的同胞产生吸引和推荐作用,那么我会很有成就感。对那些为杂志制作蚀刻画的艺术家,我还想说,好的火花收藏是一笔取之不尽的艺术宝藏,能够从中获得古朴典雅的设计的启发。

第三十章　清朝官吏[①]

对清朝政府，我们只能把它比作一只巨大的章鱼。它的无数触角伸向所谓的"天朝"的最广大地域，表现形式就是众多贪婪而趋炎附势的清朝官员，每个人都在吸吮着这个国家的精华。他们把贪污受贿的赃款塞满自己的腰包，只给贪得无厌的朝廷最少的部分。他们在能保住自己官职的前提下，尽可能多捞一些。

这些清朝官员名义上拿固定工资，但却凭借官员这个金字招牌获取无限的好处。他们向不幸的老百姓强征不合理的赋税，用"洋泾浜"英语来恰当地形容就是"压榨"。

一个研究华人的作家一针见血地评论道："难怪对欧洲人来说，狡猾的华人显得特别诡诈，捞钱对贪婪的清朝官员是最大的诱惑。因此，在开放口岸外国人定居点的栅栏外面，在整个中华大地，每个中国商人和平民百姓都从小养成撒谎的习惯，特别注意不露富。"

[①] 本文最初刊登在1895年8月24日《圣保罗》专栏中。——原注

这些官吏中的大多数是鞑靼人①的后裔，手中拥有无限的权力。在目前这些人统治下的中国，外国传教士永远不会得到安全的保障，或是获得传教的成果。在这些官员看来，传教士是文明的先锋、改革和启蒙运动的先驱。他们为中外通商扫清了道路，一旦令人憎恨的"番鬼"引进了西方的"野蛮"发明，官吏们就再也不能征税了，也不能养尊处优地骑在他们愚昧国民的头上作威作福了。于是，他们把我们的发明创造看作是奇技淫巧，坚决反对我们敬业的传教士所宣传的教义，并把他们驱除出境。

中国大多数排外骚乱都源于此。每一个高官都可以拥有一定数量的、训练有素的士兵，以应对突发事件。如果有必要，朝廷也准许他为此保留一部分税收。十有八九，他只保留必要的军装和武器，通常都是最原始的、用生铁制作的笨重武器，把它们发给士兵。他只在衙门保留有限的武器，把其余的据为己有。如果他得到高级官员或者钦差大臣来访的通知，或被责令出差，比如说，抗击日军，他会派出下级官员、跑腿的和无业的人，按照需要组成小队，也就是所谓的军队。他们会通过强迫一些苦力服现役来达到这个目的。这些苦力会被装备起来，并像羊一样被驱赶上前线抗击敌人，然后被杀戮。

官员越往北驻扎，就需要留用越多的士兵，其原因显而易

---

① 主要是由古代钦察人和保加尔人等长期融合发展而形成，属突厥语族克普恰克语支，是在保加尔语和克普恰克语的基础上发展形成的。"塔塔尔"是本民族自称"tatar"一词的音译。其名称最初见于突厥碑文《阙特勤碑》中，唐代文献称"鞑靼"等，都是"塔塔尔"的不同音译。

见，无须多做解释。一个普通中国士兵的军饷每月 3 到 4 两关平银（Haikwan taels）（大约是 9 到 12 先令），这之外的钱需要他自己出。但是到了给士兵发饷的时候，从贪官手指缝里过滤下来流到"兵勇"那里的钱几乎不超过原数的一半。士兵们没有其他任何经济来源，有的就冒死求生，于是就导致了我们听说的军中叛乱和杀戮。这种事情多发生在中国北部。为了反对统治者，无数的民间秘密会社建立起来并发展壮大，旨在揭露它的罪恶行径，通过激起其他国家的愤怒，最终推翻它的暴政。他们采取最残暴的手段来达到这个目的。这得到一些地方官员的支持，如果说不上鼓励的话。这些官员十分惧怕秘密会社，他们只在乎自身的一己私利。

自从清朝政权建立，中国的每一个民间的、社会的、政治的、宗教的和军队的组织分支已经严重堕落，对我们或者我们的狂热的传教士来说，要改变或者减轻这种罪恶，简直就是徒劳。只有彻底的改朝换代，似乎才是唯一有效的补救方法。事实上，这是保证中国和平、幸福，也是居住在那里的欧洲人的安全和福祉的唯一途径。正如中国人呼吁的，中国，只有再一次由汉人统治，才能更加繁荣、文明。

但是，说到"基督教"这个问题，在领略了东方国家的信仰教义和风俗习惯之后，我认为对我们来说，如果说因为一个人跟我们不信仰同一个宗教，就说他是"野蛮人"，未免专横。我相信，无论他信仰基督，还是信仰孔夫子、佛祖或是穆罕默德，只要恪守信仰、按规矩行事，就是个好人。否则，其他的想法就是荒谬和不宽容的。

现在，我要向我的朋友和读者说再会了——但不是永别。因为我相信，我们后会有期，即使不是面对面，我们也有可能在未来的报纸栏目中再见。我又充满了遐想，脑海中平静的山谷和无数的丘陵——伸向世界的远方——吸引我把眼光投向神秘的南十字星座（Southern Cross）[1]。

有些人是自由的，无拘无束，不安于现状，有些人却并不太欣赏这种动荡不安的生活，还有少数人希望忘记"可能发生过的"事情，并且把记忆永久埋没在名利场的冥河里。对那些人，我说，听从你真实内心的召唤吧，擦掉你枪上的铁锈，像阿拉伯人那样卷起帐篷，和我一起漫游到遥远而阳光明媚、被辽阔的太平洋分隔的地方。在那里，你会看到，有些东西会更加持久和辉煌。那里人们的喜悦更加真实和令人激动。在那里，我们能够发现很多诗歌或散文的素材。当你看到巍峨的群山绵延不绝，伸向不可知的远方，你知道其中有绿树成荫的山谷，你会放眼向前，不断向前，像在梦境里一样，忘记了过去和现在。

---

[1] 它的位置是在正南方，而且很好辨认，水手在南半球需要依靠南十字星来判断正南方向。澳大利亚、新西兰、巴西、巴布亚新几内亚和萨摩亚国旗上都有南十字星座。

九州出版社好书推荐

【历史现场】

《中国近代史》，蒋廷黻 著

《激荡的中国》，蒋梦麟 著

《1911，一个帝国的光荣革命》，叶曙明 著

《1919，一个国家的青春记忆》，叶曙明 著

《山河国运：近代中国的地方博弈》，叶曙明 著

《千古大变局》，曾纪鑫 著

《喋血枭雄：改变历史的民国大案》，张耀杰 著

《沈志华演讲录》，沈志华 著

《周恩来在巴黎》，[日] 小仓和夫 著，王冬 译

《生命的奋进》，梁漱溟 熊十力 唐君毅 徐复观 牟宗三 著

《高秉涵回忆录》，高秉涵 口述，张慧敏 孔立文 撰写

《人间世：我们时代的精神状况》，余世存 著

《危机与转机：清末民初的道德、政治与知识人》，段炼 著

【历史与考古】

《中国史通论》，[日] 内藤湖南 著，夏应元 钱婉约 等译

《历史的瞬间》，陶晋生 著

《玄奘西游记》，朱偰 著

《瓷器与浙江》，陈万里 著

《中国瓷器谈》，陈万里 著

【钱家档案】

《楼廊闲话》，钱胡美琦 著

《钱穆家庭档案》，钱行 钱辉 编

《温情与敬意》，钱行 著

《两代弦歌三春晖》，钱辉 著

【饮食文化】

《中国食谱》，杨步伟 著，柳建树 秦甦 译

《故乡之食》，刘震慰 著

《南北风味》，王稼句 选编

《南北风味二集》，王稼句 选编

【怀旧时光】

《北平风物》，陈鸿年 著

《北平往事》，王稼句 选编

《人间花木》，周瘦鹃 著，王稼句 编

《把每一个朴素的日子都过成良辰》，晏屏 著

《读史早知今日事》，段炼 著

《念楼书简》，锺叔河 著，夏春锦 禾塘 周音莹 编

【书话书影】

《书世界·第一集》，Bookman 主编

《鲁迅书衣录》，刘运峰 编著

《中国访书记》，［日］内藤湖南 等著

《蒐书记》，辛德勇 著

《学人书影初集》（经部），辛德勇 编著

《学人书影二集》（史部），辛德勇 编著

《学人书影三集》（子部），辛德勇 编著

《学人书影四集》（集部），辛德勇 编著

【JNB 笔记书】

《红楼群芳》，［清］改琦 绘

《北京记忆》，［美］赫伯特·怀特 摄影

《鲁迅写诗》，鲁迅 著

《胡适写字》，胡适 著

【长河文丛】

《旅食与文化》，汪曾祺 著

《往事和近事》，葛剑雄 著

《大师课徒》，魏邦良 著

《书山寻路》，魏英杰 著

《旧梦重温时》，李辉 著

《四时读书乐》，王稼句 著

《汉代的星空》，孟祥才 著

《从陈桥到厓山》，虞云国 著

《寂寞和温暖》，汪曾祺 著

《城南客话》，汪曾祺 著

《天人之际》，葛剑雄 著

《古今之变》，葛剑雄 著

【大观丛书】

《活在古代不容易》，史杰鹏 著

《快刀文章可下酒》，邝海炎 著

《时光的盛宴：经典电影新发现》，谢宗玉 著

《你不知道的日本》，万景路 著

《私家地理课》，赵柏田 著

《壮丽余光中》，李元洛 黄维樑 著

《一心惟尔：生涯散蠹鱼笔记》，傅月庵 著

《悦读者：乐在书中的人生》，祝新宇 著

《民国学风》，刘克敌 著

《大师风雅》，黄维樑 著

【历史地理】

《中国历史地理·第一辑》,辛德勇 主编

《史地覃思》,陈桥驿 著,范今朝 周复来 编

《山海圭识》,钮仲勋 著,钮海燕 编

《山河在兹》,张修桂 著,杨霄 编